幕末・明治　志の言行録

群像の羽撃《はばた》き

森友幸照

国書刊行会

はじめに

今からほぼ一世紀半前、日本は近世から近代へと向かうのに、いわゆる幕末の激動と呼ばれる歴史の洗礼を受けねばならなかった。その十数年を明治維新という。

この維新という言葉は、中国の古典『詩経』に語源がある。その『詩経』の中に、古代周王朝の始祖とされる文王をほめたたえた詩があり、こう詠っている。

文王は上にありて、
その徳天に昭《かがや》く。
周は旧邦といえども、
受けし天命維《こ》れ新たなり。

ここに言う「天命維れ新たなり」の〝維れ〟は、つづく言葉を強調する〝大変に〟という意味をもつ。つまり、周王朝は天命によってできた大変に新しい国である、というわけである。この「天命維新」が〝維新〟の語源であり、世の中が新しくガラリと変わった、との主意がある。いうなれば、維新＝大変革である。

では、明治維新によって、なにがどのようにガラリと変わったのか。改めてこう問われると、口では簡単に明治維新と言っていても、さて……と口ごもり、返答に困る人が多いようである。そこで、私なりに整理してみると、次の四つが変革したと言えるのではないかと考える。

◎明治維新・四つの変革

一、鎖国政策から開国政策へ（国際化）
二、幕藩封建体制から統一国家中央集権体制へ（近代国家化）
三、士農工商身分制から四民平等へ（自由・平等化）
四、農業中心経済から工業中心経済へ（経済近代化）

以上のような変革を実現し、日本は近代国家へと脱皮したと考えて、ほぼ間違いないだろう。それにしても、これほど大きな変革には、破壊と建設という相反するプロセスが伴うものである。

私は、その実現の始まりをアメリカのペリー提督が黒船で来航して、開国を要求した嘉永六年（一八五三）とし、明治新政権がほぼ軌道にのる明治十年（一八七七）までと考えている。そしてその間を、徳川幕府が終焉する慶応三年（一八六七）までの十五年間が、対立する勢力が激しく抗争する破壊の期間であり、明治新政府が発足して近代化を模索する約十年間を建設の期間とみている。さらにそれを私見では五期に分けているのであるが、おおよそ次のようになる。

◇第一期　鎖国固守か開国一新か――嘉永六年（一八五三）～安政六年（一八五九）

ペリー提督が黒船四隻を率いて来航し、幕府に開国を迫った。ここから、「鎖国は祖法」として固守しようとする勢力と、この機会に開国して西洋先進国に伍していく道をとるべきだとする勢力が対立、抗争する。そのあげく、幕府守旧派が反対勢力を弾圧する。これが安政の大獄であるが、対立鎮静どころか、かえって激化を招いた。

◇第二期　公武合体か尊王攘夷か――安政六年（一八五九）～元治元年（一八六四）

安政の大獄の翌年万延元年（一八六〇）には、桜田門外の変で幕府大老の井伊直弼《なおすけ》が水戸浪士らに暗殺される。幕府首脳がここで、衰退した幕権を立て直そうとしてもくろんだのが、朝廷を政権内に取り込む公武合体策であった。

一方、幕府の屈辱的な開国に反対し政治を朝廷中心にもっていこうとする勢力が、尊王攘夷の旗印のもとに結集し、公武合体勢力と対立、抗争する。この第二期は、互いに暗殺しあうなど血なまぐさい事件が多発した。

◇第三期　討幕親政か幕権維持か　——元治元年（一八六四）～明治元年（一八六八）

幕府にこのまま政権をまかせていたら、西洋強国の植民地にもなりかねない——このような危惧から、薩長両藩を中心とする勢力が形成され、天皇親政を実現しようとする。これに対して、徳川慶喜《よしのぶ》を頂点とする幕政改革派が台頭し、幕権維持の方策を尽くす。この対立、抗争は、大政奉還、王政復古の号令から明治新政府の成立となって終止符をうった。

ここで対立・破壊の段階が終わり、建設の段階として第四期、第五期に入っていく。

◇第四期　版籍奉還から中央集権近代国家へ　——明治元年（一八六八）～明治五年（一八七二）

王政復古の号令が発せられ、五箇条の御誓文が発布されて、天皇の許での新生日本がスタートした。だが、諸藩はそのまま残ったので、近代的統一国家の誕生とはとてもいえない。それを名実ともに国家のかたちにもっていくためには、藩体制を完全に払拭しなければならない。その布石としてまず、薩長土肥の四藩主による版籍奉還が上奏され、諸藩がすべて追随して、版（領地）も籍（領民）もすべて朝廷に返還された。これが、さらに進められて廃藩置県が断行され、日本は中央集権体制の統一国家として歩を進めた。

◇第五期　殖産興業から富国・文化国家へ　——明治五年（一八七二）～

第四期で見たように政治としては統一国家体制づくりに精力が傾注され、それはそれでつづけられた。と同時に力点が置かれたのが、欧米の進歩性に範をとった、いわゆる文明開化政策であった。これは社会・経済・生活・教育など広範な分野で行われた。なかでも、経済の近代化は政治の近代化と両輪をなすとして力がいれられ、その後の富国強兵策へとつながった。

以上に見た過程の中で、多くの人々が動いた。対立もあったので、ある者は現状維持を是として守るべく動いた。ある者はそれを否定して改革・変革の方向を目指すべく動いた。

本書では、これらの人物の中から、変革の方向で活動した群像に焦点をあてて、その言行を追っていく。時代変革を志す者が、どんな理念、思想を醸成し、その具現化にどう行動したのか。それを、残されている言行録からさぐろうとするのであって、換言すれば、〝志の実践力〟を探究しようというわけである。そのような意図のもとに、とり上げた人物は数十人に及ぶ。そして、時代は十九世紀と二十一世紀と隔たっていても、彼らの〝志の実践力〟を学ぶなら、今に活かせるものがなにか掴み取れると思う。そう信じて筆を進める。

平成二十二年六月

著　者

〔目　次〕　群像の羽撃《はばた》き　――幕末・明治　志の言行録――

第二期　公武合体か尊王攘夷か……69

安政六年（一八五九）〜元治元年（一八六四）

第三期　討幕親政か幕権維持か……131

元治元年（一八六四）〜明治元年（一八六八）

第一期

鎖国固守か開国一新か

嘉永六年（一八五三）～安政六年（一八五九）

◉泰平の眠りを破った黒船

ペリーが黒船四隻を率いて来航した時、まざまざと見せつけられたのは、文明の差であった。

その黒船が江戸の海に現れたのは、嘉永六年（一八五三）の六月三日であった。四隻のうち二隻は、大きな煙突からモクモクと黒い煙を吐き上げていた。船といえば帆を張るか櫓で漕ぐものと思っている人々にとって、これは異様な光景であった。

もうこのこと自体が、西洋とわが国の文明の差をあらわしていた。

黒船四隻は浦賀沖に錨を下ろしたが、それぞれが何十門もの大砲をいつでも撃てるように筒先を陸地に向けていた。船に大砲が積めるなど思ってもみなかった人々にとって、これまた文明の差であった。しかも、この文明の差は恐怖を意味してもいた。

ペリーはこれだけのデモンストレーションをして、幕府にアメリカ大統領の親書を提出した。そこには三つの要求がなされていた。

一、アメリカ捕鯨船の難破救助ならびに薪水補給のための寄港地を開くこと
二、アメリカの中国貿易の中継地としての港を開くこと
三、アメリカと日本の交易を開始すること

すなわち、開国要求である。

これに対して、幕府のとった態度はというと、あわてふためく、あるいは右往左往したと言っていいのではなかろうか。

徳川幕府は、家康が慶長八年（一六〇三）江戸に幕府を開いて以来、キリスト教を邪教として禁止し、海外貿易と海外渡航の禁止を徐々に強めた。そして三代家光の寛永十八年（一六四一）、長崎出島でオランダとの貿易を認める以外は、完全に海外との交流を断つという鎖国体制に入った。

以後、歴代将軍と幕閣は鎖国を祖法として守ることを至上としてつらぬいてきた。

これは、外から目をそらし、内に閉じこもることであった。いうなれば、現状維持をつづけることを意味した。そのため、江戸初期からの近世のままで時代が推移した。

ところが一方、西洋では一七六五年（明和二）イギリスのジェームス・ワットが蒸気機関を発明して、産業革命が興った。これによって機械文明が勃興し、社会が劇的に変化・進歩した。

そこへいくと、日本はせいぜい牛馬をエネルギーとする手工業、生業的な産業が、それより以前から変わることなくつづいてきている。

彼我の格差の甚だしさを見せつけられて、幕府当局者は立ちすくむ思いであったろう。なんとか祖法を守りたくて、ひたすら退去を願ったが、ペリーは聞く耳をもたない。

そこで幕府がとった対策はというと、〝ぶらかし策〟であった。「俗にぶらかすという言葉があるが、五年も十年も要求を受け入れるでもなければ、断るでもない態度をとり、その間に海防を整備し、そのうえで断固拒否すればよい」という引き延ばし策であり、なんとも姑息である。

庶民はそのような幕府の弱腰を見抜いて、狂歌や落首で揶揄した。その一つ——。

泰平の眠りをさます上喜撰（蒸気船）
　たった四はいで夜もねられず

上喜撰というカフェインの強いお茶と蒸気船をかけて、みごとに風刺をきかしている。

◉しぶしぶと「日米和親条約」から「日米修好通商条約」へ

大統領の親書を手交したペリーは、いったん退去したが、翌嘉永七年（一八五四）正月早々に回答を求めて再航した。しかも、武威を見せつけての強要である。

幕府としては、どう対応するかであるが、その行き着くところは二者択一になる。すなわち、開国要求をはねつければ戦争になるかもしれないが、それを覚悟のうえで鎖国を通すか。あるいは、祖法へのこだわりを捨ててアメリカの要求を入れ、世界と交流する開国の道を選ぶか。

まさにここから、鎖国を固守するか、開国で一新をはかるか、の鬩《せめ》ぎ合いが始まるのである。

しかし、福山藩主・阿部正弘を老中首座とする幕閣がとった措置は曖昧であり、優柔不断の誹《そし》りを免れないものだった。

ペリーの武力を見せつける威嚇に屈して「日米和親条約」を結んだが、幕府はこれを「アメリカに対して友好を示しただけの条約であって、開国したのではない。あくまで鎖国政策に変わりはない」と詭弁を弄《ろう》した。

この態度は、鎖国を守りたい者からも、開国をこの機会に得たい者からも反発を招いた。鎖国派は、毅然として外国勢力を退けられない幕府首脳部を批判する。開国派は外国に対する姿勢が中途半端では、かえってつけこまれて日本を危うくすると警鐘を鳴らす。しかも、両派とも、幕府内にも幕府外にもいるので、展開が複雑になるのだった。

また、アメリカにしても、幕府のこのように曖昧な対応はとうてい満足できるものではない。そこで、安政三年（一八五六）にはハリスを駐日総領事として派遣してきて、完全に開国の実をあげる通商条約の締結を迫った。

ハリスは、ときには交渉が進捗しなければ軍艦が来るであろうとか、イギリスやフランスも虎視眈々と日本をねらっていると、恫喝まがいの強圧的な姿勢もとり、決して引き下がろうとはしなかった。

根負けというか、あるいは西洋列強の脅威を避けるというか、幕府はハリスに屈するかたちで、安政五年（一八五八）に「日米修好通商条約」に調印した。

この調印は、国際関係に不慣れで、しかも知識不足をさらけだした。この条約には領事裁判権を与える、関税自主権を放棄する、最恵国約款を認めるなどの欠陥が盛り込まれたのである。そのためこれは不平等条約として、明治三十二年（一八九九）に改正が実現するまで日本を苦しめた。

◉勅許をめぐって政局が紛糾

さてここで、一方の開国派の人々はどのように動いたかを見てみよう。

鎖国の中では、西洋事情を知ることは容易ではない。しかし、それを摑み取ったのは、江戸中期から徐々に盛んになった蘭学であった。そこから西洋への関心をもつ者も少しずつ増えてきた。

こうした人たちのなかで、開明的な意識をもつ者は、世界の趨勢に照らして、鎖国政策を危惧し、開国の方途を探ろうとした。それを開明思想家として早くから鼓舞したのは、松代藩士の佐久間象山や熊本藩士の横井小楠《しょうなん》らであった。また、諸藩の中からも、薩摩藩主の島津斉彬《なりあきら》、宇和島藩主の伊達宗城《むねなり》のような開明藩主が、開国論を主張した。さらには、幕府内部の諸有司の間にも開明的な意識をもつ者はいたが、これは当初はなかなか大きな声にはならなかった。

そうした思潮が生まれつつあったところへペリーが来航して、技術の差、すなわち文明の差を見せつけられた。開国を志向する者たちにとっては、鎖国の否定、開国の実現は喫緊の問題となり、動きも活発化したのだった。

といっても、彼ら開国派の者たちが、最初から幕府の存在まで否定したわけではない。幕府政治を改革して、開国政治にもっていこうとしたのである。

しかし、やがて鎖国固守と開国一新の両勢力は、激しくしのぎを削るようになる。そこには、幕府とハリスの間で通商条約が進む過程でおこった政局が絡んでいた。

その政局は三つの問題が惹起した。通商開国問題、将軍継嗣問題、違勅調印問題がそれである。

通商開国問題は、幕府が天皇の勅許を得て調印にもちこもうとしたことが端緒だった。つまり勅許という護符によって、鎖国政策の転換を正当化し、頑固な鎖国主義者や反幕的な攘夷論者の非難もかわす。幕府首脳部はこう読んだのだが、あまい見通しだった。というのも孝明天皇は大変な異国嫌いで、勅許を下そうとはしないのだった。

「元寇の先例にならい、最初米艦渡来の節、砲撃一発、撃ち払っておけば、このように面倒なことにはならなかっただろうに」と嘆かれたとか。

それがもれ伝わると、幕府非難はかまびすしくなるばかりだった。同時に、紛糾の種になったのが将軍継嗣問題であった。これは十三代将軍家定が病弱で、子供に恵まれる可能性がまったくないということから起こった。つまりこの非常時に、次の将軍を誰にするかを決めておいて、万が一の場合に備えようというわけである。では、その跡継ぎを誰にするかとなったが、ここで意見は真っ二つに割れた。一方は血のつながりを重視する血統優先派であり、他方は能力・見識を重視する人物本位派である。血統派は守旧派と言ってもよく、紀州藩主の徳川慶福《よしとみ》（のちの家茂《いえもち》）を推した。慶福は安政五年（一八五八）の時点で、まだ十三歳の少年であった。片や人物本位派は幕政改革派といってもよく、英邁の評判が高い三卿の一橋慶喜《よしのぶ》（のちの徳川慶喜）を推した。慶喜は安政五年の時点で、すでに成人の二十二歳であった。

両派をくらべると、勢力的には人物本位派のほうが弱かった。そこでこの派の者たちが画策したのは、条約勅許の文言の中に、「年長・英明にして衆望のある者を将軍継嗣に望む」との一条を加えてもらうことだった。こうすれば天皇のご意志が一橋慶喜にあるということになるので、彼らは朝廷の公卿に対して必死の工作を行った。

しかし、天皇が勅諚そのものを出そうとされないので、条約の勅許も将軍継嗣の決定も水泡に帰した。

そして、さらに政局を混乱させる違勅調印問題へと発展した。

◉厳酷をきわめた安政の大獄

ここで登場してくるのが、大老に就任した彦根藩主の井伊直弼《なおすけ》であった。安政五年（一八五八）四月、絶対的権力をもつ大老となった直弼は、次々と大胆な手をうった。六月には、勅許を得ないまま日米通商修好条約に調印した。さらにその直後には、諸大名に登城の招集をかけ、将軍継嗣が徳川慶福に決定したことを発表した。

これによって、政局は一気に沸騰するような状況になった。しかも天皇が激怒され、譲位したいとの内勅をだされた。

「近年、諸外国がしきりに和親通商を請うてくるが、親睦はうわべのことであって、真意は侵略である。条約を結ぶことは、神州の瑕瑾《かきん》であり、天下危亡のもとであって、どこまでも許可しがたい。このまま位についていて聖跡を穢すのはおそれおおいので、朕は英明の人に帝位を譲りたい」と。

このように宸襟《しんきん》を悩まされていることが伝わってくると、勢いづいたのが尊王反幕の活動分子だった。彼らは大老の辞任、将軍継嗣の再議、さらには朝廷主導の政治を勝ちとろうとして、再び動きを活発化した。その成果というか、八月に水戸藩その他勤王藩ともくされる一七藩に対して前例のない勅諚がひそかにくだされた。いわゆる密勅である。そこには、「無断調印の責任を追求するとともに、御三家、諸大名が協力し、公武合体して外夷に備えよ」といった内容のことが述べられていた。

これを知った大老井伊は激怒した。そもそも徳川家康の開府以来、朝廷が幕府をさしおいて諸大名と直接交渉してはならないのが規定である。それが破られたとあっては、幕府の権力にきずがつく。

井伊大老はここで、朝廷の手入れ、ならびに反幕分子の徹底弾圧にのりだした。これがいわゆる安政の大獄で、安政五年（一八五八）の九月に幕がきっておとされ、翌年までつづいた。その弾圧は厳酷をきわめ、疑わしきは片っ端から捕らえるといったありさまで、公卿の家臣から諸藩士、草莽《そうもう》の処士まで、縄を打たれ唐丸籠で江戸へ送られた者は一〇〇人を超えた。詮議もまた過酷で、切腹、斬首、獄門の極刑で生命を絶たれた者が八名に及んだ。また、逮捕を免れた者も、各地で逼塞《ひっそく》を余儀なくされた。

そのかぎりでは、安政の大獄は反幕分子をひるませ、幕府の威力も回復して目的を達したかにみえた。だが、それは幻覚で、実際には幕府の衰弱ぶりがあぶりだされる結果をもたらした。また、井伊大老の政治姿勢は時代推移の大勢になんらの対応性ももたず、むしろ時代に逆行していることを露呈した。

その一つが、通商条約締結により、安政六年（一八五九）六月から横浜や函館で始まった貿易に対する姿勢にもみられる。これはもう、開国方向に進んでいることなのに、まだ鎖国にこだわって、積極的な開国政策はまったくうちだそうともしなかった。

以上に見てきたような推移が、鎖国か開国かの対立であった。

幕府の鎖国政策を否定した先駆的な開明思想家

佐久間象山

【さくま　ぞうざん（しょうざん）】
（文化八年～元治元年　一八一一～一八六四）

蘭学を通して西洋の実態を認識

語録
東洋の道徳と西洋の芸術（技術）、精粗遺さず、表裏兼ね、よりて以て民物に沢し、国恩に報ずる。

佐久間象山は、明治維新のもっとも早い時期に、政治の要路や心ある人々に大きな影響を与えた先駆的な開明思想家であった。

象山は文化八年、信州松代藩の藩士の家に生まれた。早くから儒学を修めて、藩主の真田幸貫《ゆきつら》から将来を嘱望された。その幸貫が天保十三年（一八四二）、幕府老中にあげられ、海防掛になった。そのころ、イギリスをはじめとする西洋列強は東洋の諸国を植民地化し、中国に対してはアヘン戦争を仕掛け、日本の近海にも列強の船が出没するというありさまになっていた。これを〝西力東漸〟というが、鎖国を固守したい幕府は、この状況にどう対処するかに困惑するばかりで、明確な考えはまったくうちだせないでいた。幸貫はこの難問をかかえる海防掛として象山を起用し、西洋事情の研究を命じた。

象山はこのとき三十二歳であったが、猛然とオランダ語の勉強を始め、蘭学者と接触して西洋の情勢と知識を身につけていった。西洋を知れば知るほど、文明が格段に進歩していることを認識させられた彼は、やがて「海防八策」という意見書を藩主を通して幕府に提出した。

そこには、西洋流の大船や軍艦を造ること、全国各地に学校をおこして教育を盛んにすること、能力に応じて人材の登用をはかることなど、当時としてはじつに革新的な意見が述べられていた。そして、早くもこの中で「幕府の鎖国政策はもはや時代遅れである」として、開国を示唆した。しかし、幕府首脳部はこれをまったく無視した。

象山は西洋の科学技術の優位性を認めて、さらに研究を深めた。といって儒学を捨てたのではない。仁義礼智信の五徳をベースとする儒学思想は堅持したのである。

その象山が嘉永三年（一八五〇）に江戸で塾を開き、儒学と蘭学と砲術を教えはじめた。そして唱えたのが表記の言葉である。この文言は彼が後に書いた『省諐録《せいけんろく》』にも明記されているが、「東洋の道徳律と西洋の科学技術、この両者についてあますところなく研究し、これによって民衆の生活をうるおし、国家に尽くす」という、象山の思想表明であった。
だから象山は入門してくる弟子に対して、砲術を志す者には儒学を、儒学を志す者には蘭学や砲術をあわせ学ぶように指導した。そのように革新的な教育をする象山のもとには、時代変革を模索する俊秀が集まり、吉田松陰、橋本左内、勝海舟、坂本龍馬、河井継之助など、幕末の激動のなかで活躍する人材が輩出した。その象山自身は、次項にとり上げる吉田松陰の密航未遂事件に連座して、国元蟄居を余儀なくされた。

狂信的な攘夷主義者に襲われて非業の最期

語録

外国の学術技巧は、日々月々に長進いたし、天文・地理・船艦・銃砲・城制など一としてその妙にいたらざるはこれなく、かつ蒸汽機の学盛んに相成り候より、海には蒸汽船を走らせ、陸には蒸汽車を行《や》り候。（攘夷不可は）この一事を以ても推知すべきことに御座候。

象山の信州松代における幽囚期間は、安政元年（一八五四）から文久二年（一八六二）まで八年におよんだ。彼はその間も、西洋に対する研究を鋭意つづけた。その学問の姿勢にゆらぎはなく、彼は自分の学問観を、著述の『省諐録《せいけんろく》』で堂々と披瀝した。その一部を意訳してみると、このように言っている。

「昔から忠義を尽くそうとしながら罪を受けた者は、いくらでもいる。私も忠義をなすことによって、たとえ罪を受けても恨みには思わない。しかし、忠義をするべきときにしないで、手をこまねいていると、国の危機は救いがたいところまでいってしまう。これこそ憂うべきことではないか」

と。つまり、上に迎合するのではなく、自分の信念で忠義を尽くすなら、死んでもかまわない、というのである。

そのとおり、象山は蟄居生活のなかでも、国に役立てるという信念のもと、洋書をひもとき、海外知識を深めることに余念のない学究の日々を送った。

これによって、象山の識見はいちじるしく進歩し、積極的開国論に自信を深めた。

蟄居生活が解けた翌年、松代藩主の真田幸教《ゆきのり》は象山に、「攘夷は可能か」と下問した。これに対して、象山は「攘夷の策略に関する答申書」を提出した。それは歯に衣着せないで徹頭徹尾、攘夷の不可能なことを理論的に述べた内容になっていた。表記の言葉はその一節であるが、当時、科学技術の知識をこれだけ詳述できる者はまずいなかっただろう。象山が持つそれだけの能力を、今や朝廷も幕府も活かさざるをえない状勢になった。それゆえの召命であり、彼は自らの信念、理念を具現化する好機到来とばかりに、勇躍して上洛した。

ところで、象山が上洛したのは元治元年（一八六四）三月であったが、その当時は、公武合体派と尊王攘夷派の両勢力が激しく鬩《せめ》ぎ合う第二期の真っ只中であった。そして、明治維新のなかで、もっとも暗殺が横行した時期であった。六月には幕府側の新撰組が、旅籠池田屋に集合していた勤王の志士を襲い、多数の死傷者がでる池田屋騒動も起こった。

そのような時に上洛した象山も、開国思想に反対する分子から生命をねらわれる危険は多分にあった。だが、彼はそのような情勢にはまったくとんちゃくしない。公武合体による協力政治で新しい開国日本にもっていこうと、朝幕間のあっせんに努めた。

しかし、象山には一つだけ憂慮することがあった。天皇を反幕の過激分子に奪われることである。そこで、将軍後見職の一橋慶喜《よしのぶ》や京都守護職の松平容保《かたもり》を説いて、天皇の彦根城遷幸を願おうとした。

この噂がもれると、反幕激派の一味は激昂した。そして、彼らは暗殺を企て、象山が朝廷から馬に乗って下がってくる夕刻、木屋町通りで待ち伏せ、凶刃を浴びせかけた。象山は背後から斬りつけられて転落し、一三カ所も深手を負って非業の最期をとげた。上洛からわずか四カ月後の七月十一日のことであり、享年五十四歳であった。

翌日、三条大橋の脇には、次のような斬奸状が張りだされた。

「此の者元来西洋学を唱え、交易開港の説を主張し、枢機の方へ立ち入り、御国是を誤り候罪捨て置き難く候処、あまつさえ奸賊会津・彦根二藩に与同し、中川宮と事を謀り、おそれおおくも九重御動座彦根城へ移し奉り候儀を企て、昨今頻《しき》りに其の機会を窺い候。大逆無道天地に容れ可らざる国賊に付き、即ち今日三条木屋町に於いて天誅を加え畢《おわ》んぬ。　皇国忠義士」

数人の刺客の首謀者は、肥後藩の河上彦斎《げんさい》であったといわれている。この者は「人を斬るのは、木偶《でく》を斬るようなもの」と放言するほどの冷酷無残な男であったという。

象山の生命はここで絶たれたが、彼が洋の東西の学問を修めて導きだした実践的思想の果たした役割や影響は大きかった。彼の唱えた「東洋の道徳、西洋の技術」という主張は、明治以降は「和魂洋才」というスローガンになり、政治、経済、学術、教育など多方面で大きな方向づけになったことひとつをとってみてもそれがいえる。

参考文献

『象山全集』信濃教育会　『佐久間象山』大平喜間多（吉川弘文館）　『省𠍱録』佐久間象山・飯島忠夫訳注

諫幕論から討幕論に転じて安政の大獄で刑死

吉田松陰

【よしだ　しょういん】
（天保元年〜安政六年　一八三〇〜一八五九）

西洋を知るため死罪覚悟で海外密航を企図

語録

己を虚《むな》しうして物を納れ、人の長を採りて己の短を補い、彼の有を遷《うつ》して我の無を満たす。宜しく師法とすべき。

嘉永六年（一八五三）、アメリカのペリー提督が黒船四隻を率いて来航し、鎖国政策をつづける幕府に開国を迫った。明治維新は実質的にはここから始まるといってもいい。

ペリーは戦端を開くのも辞さないかまえで開国を要求したが、幕府は大統領親書を受け取るだけの措置で、なんとか黒船を退去させた。しかし、翌年早々にペリーは再航し、さらに武力による威圧を加えたので、幕府は不本意ながら「日米和親条約」を結んだ。

とはいえ、これはただアメリカとよしみを通じるだけの条約で、日本はあくまで鎖国が国法であるというのが、幕府の態度であった。

そうしたなかで、条約調印から一カ月もたたない三月末に、国法を破って鎖国に挑戦するひとつの事件が起こった。それは二人の青年による密航未遂事件である。日本を救うにはまず海外事情を知らねばならぬとする当時の識者の危機感を象徴する事件であった。そして、その二人の青年こそ、長州藩の兵法家・吉田松陰と弟子の金子重之助であった。

天保元年生まれの松陰は、このとき二十四歳。幼時から四書五経や兵学を学び、すでに十一歳の折には藩主の前で軍学を講じるほどの秀才をうたわれた兵学者であった。

しかし、研究心の旺盛な松陰はその後、西洋を知るための勉強にも手をそめた。そして、そこから時代変化の兆候があることを感じとった彼は、のちに書いた『幽囚録』で、表記のような言葉を吐いている。言わんとするところは、「彼我を較べる時には、まず自分を白紙にして知ることに努める。そのうえで彼の長所に気がつけば、ためらうことなく採り入れる」という、まったく偏見のない、たくましい知的好奇心である。

松陰はさらに西洋知識を学ぼうと江戸に出て、当時傑出した洋学者として知られた佐久間象山に師事していた。そこで黒船の来航に遭遇したのであった。

この時、松陰は西洋がなぜ強国になったかは、その背景をなす社会・文化までを徹底的に知らなければ、本当のことはわからないと考えた。それには、現地へ行って学ぶのがいちばんよいのだが、鎖国の日本では許されない。だが、それをやらなければ、西洋と対等に付き合える日本をつくる手だてが考えられない。

こう突き詰めた松陰は、ペリーの黒船に乗せてもらって西洋に渡る決意をした。国禁を破るのだから、見つかれば死罪であるが、それよりも日本のために知識をつけるほうが大事であるという強烈な意志である。そこで、条約調印後に伊豆の下田に回航したペリーの黒船に乗りつけ、密航を懇請した。その懇請を彼は「投夷書」と名づけて漢文で書いた。その中の一節でこう言っている。

「今貴国軍艦来たりて碇泊し、生等、宿念の志望また勃々として起こる。ここにおいて、秘密裡に貴艦に搭乗を乞い、以て五大州を周遊せんとす。これ、我が国禁を犯すものなれど、生等をして願いをかない得せしめられよ」

これに対して、和親条約を通したばかりのペリーは、露見して幕府との関係がこじれるのをおそれ、乗船を拒否した。そのため松陰と重之助は幕府の囚人となった。

ペリーはしかし、二人の行為には感動し、幕府当局に対して、「二人の首をはねるというもっとも厳酷な刑罰を与えないことを望む」との嘆願書を送った。また、日誌には「厳重な法律を破ってでも、知識を増すためには生命さえ賭けようとした二人の教養ある日本人の烈しい知識欲。日本人の好奇心がこのようであるとすれば、この国の前途はなんとすばらしいことか」と書き、日本人全体を見直している。

本物の知的好奇心、すなわち自己向上意欲はこのように強いのである。

松下村塾で変革活動に邁進する門下生を育成

語録

事を論ずるには、まさに己の地、己の身より意見を起こすべし。すなわち着実となす。

ペリーの幕府への助命嘆願もあって、松陰と重之助は死罪を免れ、長州の萩に送還されての入獄となった。その獄中で重之助は病死し、松陰は約一年後に許されて出獄した。

その翌年の安政三年（一八五六）からであるが、松陰は青少年を教育する小さな塾を開いた。これが、松陰の事蹟の中でも特に有名な松下村塾であり、松陰が安政の大獄で刑死した後、師の思想を受け継いで活躍する者を輩出した。

明治時代に歴史家・評論家として健筆をふるった徳富蘇峰は、この松下村塾を評して、

「徳川幕府顛覆の卵を孵化したる保育場の一なり。維新革命の天火を燃やしたる聖壇の一なり」と位置づけている。

この松下村塾にもっとも早く入門したのは、久《く》坂《さか》玄《げん》瑞《ずい》であった。彼は高杉晋作とともに〝松下村塾の双璧〟と称せられる逸材であったが、はじめは入門するつもりで松陰のところに来たのではなかった。

藩校明倫館でも秀才とうたわれていた十七歳の玄瑞は、ちょうどその頃アメリカ総領事ハリスが来日駐在したのをけしからん行為とし、「日本に無断でやってきて、無礼を働くアメリカの使節は斬るべし」との意見をつづった手紙を松陰に送ったのだった。

これに対する松陰の返事は、「ただ悲憤慷慨して正義家ぶるのは、世俗的な功名心にすぎない。私はこの種の意見を吐く人をもっとも憎む。実行できもしないことを、いたずらに大言するものではない」という叱責だった。

だが玄瑞もさる者、反駁的な意見を送り、さらに松陰の訓戒にあうと、なにくそとばかり、自説をまげない三度目の意見書を送った。ここで松陰は突き放すようにこう書いた。

「そこまで君が斬るのが正しいと思っているのなら、必ず実行されよ。そうでなかったら、大言をろうする徒に終わってしまうぞ」

玄瑞は目が覚める思いだった。自分の発言、意見には自分の生命を賭けるほどの責任が伴うことを教えられ、門下生になった。松陰はまた玄瑞に表記のようにも言っている。

「事を論ずる時は、自分の置かれている立場、自分自身の事から、意見や見解を始めるべきである。それが着実というものだ」

と、自分の立場を忘れた意見は空論になると戒めているのである。

実行不可能なことは大言壮語するな——。自分に出来ることから考え実行せよ——。

松陰は王陽明の開いた陽明学に傾倒し、その思想の根幹をなす〝知行合一〟を自分の信条としていた。そして、この考えを門下生に植えつけ、また自らも実行した。師の率先実行に接して、門弟たちもまた実践の人に成長し、師の後を追うかのように、維新遂行の半ばで斃《たお》れた者も多い。高杉晋作、久坂玄瑞をはじめとして十指にあまる。

ここで、松陰の教育方針を跡づけてみると、次の五つに整理されるかとも思う。

・対話を心掛ける　・自己啓発を促す　・実践を重んじる　・基礎学力を養う

・変革精神を培う

こうして弟子たちが育てられた松下村塾は、松陰の家の納屋を改造して始まった。そのそまつな建物は、今も萩市の郊外に大事に保存されている。

大義をつらぬき従容として刑死

語録　身はたとい武蔵の野辺に朽ちぬとも
とどめおかまし大和魂

日本の改革を志して、自らも動き、弟子も育てる松陰。鎖国を祖法とし、守旧にこだわる幕府首脳からすれば、もっとも排除すべき人物である。

しかし、松陰は初めから過激な討幕論者ではなかった。後述する海防僧月性が討幕を主張するのに対しても、「国内で相争っていると、かえって西洋列強につけこまれる」と言って、反論していた。

その松陰の態度が討幕へと傾斜するのは、アメリカ総領事ハリスとの通商条約の交渉において、幕府が違勅調印という行為をとったからだった。

「確かにこれまで、政治は幕府の専権として行われてきた。しかし、いやしくもいったん朝廷に奏上して勅許を得ようとしたからには、それを無視するのは道義的に許されない」、として松陰は「大義を議す」という建言書を藩主の毛利敬親《たかちか》に呈上した。その中で彼は、「国患を思わず、国辱を顧みず、しこうして天勅を奉ぜず。これ幕府の罪にして、天地も容れず、神人皆憤る。これを大義に準じて、討滅誅戮して、しかる後可なり。少しも許すべからざるなり」と討幕を主張したのである。

この建言書の上呈が安政五年（一八五八）の七月で、二カ月後の九月に安政の大獄が始まり、幕府は反幕分子の徹底弾圧にのりだした。

長州藩の藩庁は、松陰のこの大胆な意見が、門弟をはじめ多くの反幕活動家に与える影響を危惧した。放っておくと藩にも累がおよびかねない。それをおそれて、十一月には松下村塾の閉鎖を命じ、松陰をふたたび野山獄に幽閉した。それでも松陰はひるむことなく、最後の手段として、全国の同志が行動を起こす草莽崛起《そうもうくっき》を画策した。

その頃、幕府の探索方は松陰の言動をさぐりだし、長州藩に対して東送命令を伝えてきた。安政六年（一八五九）の四月であった。

江戸の伝馬町牢に入獄した松陰は、それから三回、評定所で詮議を受ける。彼は堂々と所信を述べてはばかるところがなく、痛いところを突かれて吟味掛がたじたじになる場面さえあった。とはいえ、吟味は強引に罪状をでっち上げようとしていることがありありであった。

死罪を免れぬとさとった松陰は、まず父母や兄、叔父たちに永訣の書を送った。「皆様をご愁嘆させる不孝をお許しください」と縷々《るる》書いた後、次の歌を添えた。

親思う心にまさる親心
　今日のおとづれ何ときくらん

さらに処刑される前日には、遺書ともいうべき『留魂録』を牢内で書いた。

身はたとい武蔵の野辺に朽ちぬとも
　とどめおかまし大和魂

辞世の歌になったこの一首を冒頭にかかげた『留魂録』は、肉体は死んでも、魂すなわち思想・精神は生き残って受け継がれるということを、高らかに宣言したものだった。

大老井伊直弼が松陰に下した判決は、「かつて外国に密航を企て、蟄居を命ぜられたにもかかわらず、海防論などを唱えた。また人心一致して天皇を奉じ、国事に尽くすべきなどと、政事向きの策を論じたのは、浪人にあるまじき行為である。これらは公儀を憚らず、不敬の至りである。よって死罪申しつくる」であった。

松陰は辞世の歌を朗々と詠い、伝馬町の刑場で首をはねられた。三十歳の一期であった。

参考文献
『吉田松陰全集』山口県教育委員会編（岩波書店）　『吉田松陰』奈良本辰也（岩波書店）　『吉田松陰ザ語録』森友幸照（中経出版）

幕府に積極的な開国通商政策を迫った開明藩主

島津斉彬

【しまづ　なりあきら】
（文化六年～安政五年　一八〇九～一八五八）

語録

商道十分に御開きに相成り候上は、諸外国へも通船等仰せ付けられ、五大州随意に御制御相成り申し候様、御処置当然の御事と存じ奉り候。

〝幕末の四賢侯〟と呼ばれる藩主がいる。薩摩の島津斉彬、伊予宇和島の伊達宗城《むねなり》、越前福井の松平春嶽、土佐の山内容堂である。このうち、山内容堂はいささか保守色の強い藩主であったが、他の三人は積極的な開国策を唱える開明藩主であった。

なかでも、島津斉彬の進歩性は頭抜けており、早くから目を海外にそそいで世界の大勢を洞察し、開国こそが日本の生きる道と考えていた。しかし、斉彬がその経綸を行うのは、四十歳を過ぎるまで待たなければならなかった。というのは、父の斉興《なりおき》が、藩主の座を斉彬になかなか譲ろうとしなかったからである。

斉彬は、薩摩藩十一代藩主斉興の長男として文化六年に生まれ、曾祖父の島津重豪《しげひで》にことのほか可愛がられて育った。

この重豪は〝蘭癖大名〟と言われるほど西洋に強い関心をもち、自らオランダ語を勉強して、西洋知識を吸収した。斉彬はその影響を受けて蘭学を学び、世界情勢を知るとともに、西洋で著しく発達している自然科学に注目した。その知識・教養のしからしむるところ、彼は開明思想を培い、早くから積極的開国論の立場をとるようになった。

嘉永四年（一八五一）、斉興がようやく隠居し、四十三歳で藩主の座に就いた斉彬は、この時を待っていたかのように活動を始めた。

まず政治面では、幕府が開国路線をとるよう、さまざまに働きかけた。

藩内に対しては、古い体質を一掃するように体制、藩風の改革を手がけると同時に、西洋技術による産業の育成に力をそそいだ。それが、日本最初のコンビナートともいうべき工場群―鹿児島につくられた「集成館」で、反射炉を中心に、銃砲の製造、火薬、ガラス、紡績などの生産を始めた。現在もその遺構は残っていて、鹿児島の名所になっている。

このように進取の気性に富み、実践力もある斉彬は、安政三年（一八五六）にアメリカの総領事ハリスが来日して通商条約の締結を求めた時も、退嬰的な姿勢に終始する幕府を強く批判した。ペリーと結んだ日米和親条約を一歩も二歩も進めて通商条約にもっていくことこそ真の開国と考える斉彬には、日本人が海外に出ていけない居留地貿易で妥結をはかろうとする幕府の態度はとうてい容認できなかった。

安政四年（一八五七）には、ついに幕府に意見書を提出した。表記の言葉はその一節であるが、「このような時勢になっても通商を開こうとしないのはまことに不策というほかなく、とにかくこちらから押し出す通商貿易こそ上策である」と積極策を主張した。

しかし、幕府は斉彬の意見などいれようとはしなかった。このままでは、幕府が日本を滅亡にみちびく……。斉彬は、ついに非常手段に訴えることを決意した。すなわち、自ら藩兵を率いて上京し、その圧力で幕政を改革し、かつ積極的開国路線を実現することによって日本を救おうと考えたのだった。一種の武力クーデター計画であり、彼はその練兵を始めた。だが、その最中の安政五年（一八五八）七月急病にかかり、志なかばで死去してしまった。

斉彬が残した表記の言葉は、彼の経綸と意気ごみを示したもので、今日的に言うなら、グローバリゼーションへの対応といえるだろう。

参考文献
『斉彬公史料』鹿児島県維新史料編さん所　『島津斉彬』芳即正（吉川弘文館）　『順聖公年譜』伊地知季安（東京大学史料編纂所）

維新遂行に人を動かし、自らも動いた大器

西郷隆盛

【さいごう　たかもり】
（文政十年～明治十年　一八二七～一八七七）

誠心誠意に言行一致の実践

語録

君子の体を具《そな》うる共、処分の出来ぬ人ならば、木偶《でく》人も同然なり。

薩摩藩士の西郷隆盛は、同藩の大久保利通、長州藩士の木戸孝允《たかよし》とともに、〝維新の三傑〟と呼ばれる。これは、幕府を倒し明治新政府を樹立するうえで大きな働きをしたことからの呼称である。それはそれとして、人間のスケールの大きさという点からは、隆盛が一人群を抜いて大きいと言っても、まず異論はないであろう。隆盛がそのような大器になることを見抜いて育てたのは、前項でとり上げた島津斉彬《なりあきら》であった。

隆盛は、文政十年、薩摩藩の下級藩士の家に生まれた。同じ町内には、のちに維新の活動をともにする大久保利通もおり、少年時代は一緒に薩摩藩独特のスパルタ式ともいうべき郷中教育を受けた。十八歳で藩庁に出仕して郡方書役助になり、農政事務にかかわった。

そして、嘉永四年（一八五一）に斉彬が藩主になると、身分の上下を問わず意見を聞いたり、またそれを通して人材を発掘するなどしたので、たちまち藩風に活気がでてきた。

隆盛は、藩主が言路を開いたのを喜び、農民が困窮している実情を訴え、農政を改革する必要があるといった意見書を何回も提出した。斉彬はこれによって隆盛に注目し、嘉永七年（一八五四）の参府の時、隆盛を供に加え、庭方役に取り立てた。

庭方役は地位も俸給もごく低いが、藩主から直接に秘かに密事を命じられ、あるいは情報を取ってきて報告する役である。家格の低い藩士としては、直接藩主の声に接して活動できる希有の役である。斉彬からすれば、こういう方法しか今はとれないが、直接的に指導していこうという考えである。

隆盛は斉彬に見いだされ、そば近くで御用を承わることに感激し、忠誠を心に誓った。斉彬は隆盛を諸藩に使いに出すなどして有能な人物と交流させ、彼の視野を拡げさせるように教育した。おかげで、隆盛は水戸藩の徳川斉昭の腹心・藤田東湖、越前福井藩の松平春嶽の懐刀・橋本左内などと接して強い影響を受け、日本を視野にいれる見識をもつようになった。

やがて将軍継嗣問題が起こった。十三代将軍家定に子がなく、継嗣候補として三卿の一橋慶喜《よしのぶ》（のちの徳川慶喜）と紀州藩主の徳川慶福《よしとみ》（のちの家茂《いえもち》）があげられ、推挙が割れて二派閥が激しく争った。

斉彬は、英邁の誉れが高かった一橋慶喜の擁立が今後の日本のためになる、との考えであった。そこで、その実現の工作に隆盛を用い、京都に派遣するなどした。彼はここでまた、近衛家の用人や勤王僧・月照、勤王詩人・梁川《やながわ》星巌、勤王学者・頼三樹三郎と知己になった。

さらにその後には、勝海舟や坂本龍馬とも心のかよう間柄になった。

隆盛はこうして敬服すべき人物に出会うと実に素直になり、その意見に信《まこと》をおいた。これが彼の人間を大きくしたエレメントといってもいいだろう。

一方、隆盛を知った彼らも一様に、隆盛に絶対の信頼を寄せた。その因《よ》って来たるものは、隆盛の誠心誠意の言動一致の実行力だった。これは人間関係のなかで実に大事なことであるが、隆盛自身もそれを的確に表現した言葉を残している。

彼の死後に編纂された『西郷南洲翁遺訓』に出てくる表記の言葉がそれであり、「いくら立派に見せかけても、実行のともなわない人は、人形と同じだ」、というのである。つまり、口舌の輩《ともがら》ではだめである。実践してこそ人生は活きてくる……この言葉の意味は重い。

非常手段を駆使して長州征伐を不戦に

語録

日頃は誠心誠意に行動し、ひとたび戦いとなった時には、権謀術数も用いて、必勝を期さねばならぬ。

斉彬が死去した直後に安政の大獄が起こった。ここからの数年間、隆盛は受難つづきであった。

まず、安政の大獄では、隆盛は幕府から追われる身となり、同じく追われる身の勤王僧・月照を守ろうとして、薩摩へ連れ帰った。しかし、藩当局は幕府をはばかり、帰藩を許さなかった。絶望した二人は相擁して錦江湾に入水した。間もなく引き上げられたが、月照は絶命し、隆盛は蘇生した。しかし、隆盛はそのまま奄美大島へ配流となった。

斉彬亡き後、藩の実権を握った島津久光は、公武合体を藩是として中央政界に進出を図ろうとした。それには、すでに朝廷や諸藩に名の知られた隆盛が使えると考え、文久二年（一八六二）に赦免した。

三年ぶりに帰藩し活躍の場を与えられた隆盛であったが、久光の出兵上洛策を批判して、たちまち逆鱗にふれた。隆盛は、久光の計画はいかにも兄・斉彬の意志を継ぐように見えるが、理念なき覇権主義であり、今とるべき策としても下策である、と歯に衣着せぬ直言をした。激怒した久光によって、隆盛は再び島流しになった。

その翌年の文久三年（一八六三）八月十八日、公武合体派の公卿が中心になってクーデタを起こした。これを八・一八の政変といい、尊王攘夷派の公卿が追放された。尊攘派であった長州藩もこの時、朝廷守護の任を解かれて、京都を追われた。

長州藩は武力で威圧してでもこの汚名をそそごうとして、藩をあげての動きが活発になった。このような情勢の中で、薩摩藩はやはり隆盛のリーダーシップに期待をかけて、元治元年（一八六四）の年初に呼び戻した。そして、彼を京都留守居役に取り立てた。

はたして長州藩は七月、藩兵を組織して進発した。これに対して、公武合体派である会津・薩摩の両藩兵が禁門で阻止し、兵端が開かれてしまった。これがいわゆる禁門の変で、長州藩は敗北したうえ、禁裏に弓を引いたとして朝敵になった。

幕府は、天皇の勅命を仰ぎ諸藩に長州征伐を布告した。そして、その討伐軍の総参謀にあげられたのが、禁門を守って勇名をとどろかせた西郷隆盛であった。

この当時、公武合体を藩論とする薩摩藩は、尊王攘夷を藩論とする長州藩とは厳しく対立していた。それゆえ、これぞ長州藩を打ちのめす千載一遇とばかりに、隆盛は気負いたった。

ところがここで、隆盛の意志を百八十度転回させたのが、幕府の軍艦奉行に昇進していた勝海舟であった。

海舟は隆盛を大坂城に招き、自分の思うところを腹蔵なく話した。

「幕府にはもはや天下の政治をとり仕切る力はない。雄藩が協力、尽力して国政を動かさねばならぬ。そのためには、長州をつぶしてはならぬ。長州には国を動かすほどの人材も揃っている。その長州を薩摩がつぶしてくれれば、幕府は喜ぶ。しかし、そうなると、幕府が次にやるのは、邪魔な薩摩をつぶしにかかること必定である」

軍艦奉行という幕府の要職にある人物からこう聞かされて、隆盛は驚き入ると同時に、目が覚める思いだった。

「統一国家の日本を実現するため、真に戦うべき敵は、腐敗しきった幕府である」と悟った隆盛が、ここでうった手は「長人を以て長人を処置する」という術策であった。つまり、権謀術数を用いて、長州人が自発的に戦いを収めるように仕向けるというわけである。

その具体策として、隆盛は長州藩内が俗論派と正義派に割れて抗争しているのに目をつけた。彼は長州支藩の岩国藩主・吉川経幹《きっかわつねまさ》に働きかける一方、密偵を放つなどして、次の四つをのませて、不戦にもちこもうとしたのだった。

・藩主父子の蟄居謹慎
・三家老の切腹と四参謀の斬首
・藩内に庇護している尊攘派公卿の太宰府への移住
・新築した山口城の破壊

隆盛の工作は見事に功を奏し、藩論を牛耳っていた俗論派はこの要求をすべて受け入れた。この時、討伐軍の本隊は広島まで進出してきていた。隆盛はその本陣にあって、すべての要求が実行されるのを見届けると、「長州藩は謝罪恭順した。長州征伐は目的を達した」として、解兵を主張し、反対の声を強引に押し切って断行した。その年の十二月であった。

表記の言葉は『西郷南洲翁遺訓』に出てくるが、権謀術数というものが、どういう時に効果をあげるかを、的確に言ってのけている。日ごろの誠実さがあってこそ、ということを銘記すべきであろう。

こうして長州征伐はいったん中止されたが、幕府内には不満もくすぶり、やがて幕末第三期の段階で第二次長州征伐が計画されることになるのだった。

参考文献

『大西郷全集』(平凡社)　『西郷隆盛』圭室諦成(岩波書店)　『指導者としての西郷南州』田中惣五郎(千倉書房)

蘭学を通して希代の軍略家になった村医者

大村益次郎

【おおむら　ますじろう】
（文政七年〜明治二年　一八二四〜一八六九）

語録

江戸湾の防備というて品川の台場をこしらえたが、あれはタクチックだけで、ストラトギィということを知らぬ人がこしらえたものである。

大村益次郎は見事な作戦を用いて、上野の彰義隊をわずか半日で壊滅させたことで知られる。これに代表されるように、彼は希代の軍略家であったが、出身は武士ではなかった。

益次郎は文政七年、長州藩の周防鋳銭司《すぜんじ》村（現山口市）で、村医者の子として生まれた。旧姓は村田蔵六で、大村益次郎は、のちに藩主毛利敬親《たかちか》からもらった名である。

益次郎は勉強好きで、漢方医学と漢学を学び、さらには大坂の適塾に入り、蘭学の勉強を始めた。益次郎は適塾で新しい西洋知識をたっぷりと身につけ消化した。三年目には塾頭にあげられるほど彼の学力上達は目ざましかった。彼の知的好奇心は貪欲といってもいいほど旺盛で、医学はいうにおよばず、西洋の進んだ学問という学問が興味の対象となった。その中でも特に、数式を解くように理論的で合理的な西洋兵学には魅力をおぼえ、彼は用兵法、築城法、砲術などを洋書で熱心に研究した。

その益次郎を召し抱えたのが、伊予宇和島藩主の伊達宗城《むねなり》であった。自藩の軍備を洋式にしようとしていた宗城は、そのブレーンを求めて適塾に申し込み、主宰者の緒方洪庵は益次郎を推薦した。これが、嘉永六年（一八五三）のペリー来航の少し後のことで、彼は三十歳であった。昨日までの医者先生は、この時から本格的に洋式兵学者への道を踏み出した。

研究熱心で応用能力も抜群の益次郎は、洋書をたよりに洋式軍艦を建造し、砲台を築き、洋式練兵を編成するなど、またたく間に有能な軍事技術官になっていった。

こうなると幕府も益次郎が欲しくなり、安政三年（一八五六）には宇和島藩士のまま、幕府の蕃書調所助教授に取り立てられた。表記の言葉は、この助教授の時、品川の砲台場を視察して、幕府のやり方を批判した言葉で、弟子の一人が書き留めたものである。

それまで日本の兵法では、戦略と戦術を明確に分けて考える概念はなかった。益次郎は洋式兵学の研究を通して、この二つの概念を摑み取った。すなわち、ストラテジー（戦略）は目的を達成するために大局的な面からそれをどう運ぶかの方策を考えること、タクチックス

（戦術）は戦略に対して下位の概念でその場あるいは当面を有利にする手段を考えること。彼はこういう新しい概念を知ると同時に、その大本《おおもと》には思想・理念がなければならないことも認識した。

したがって、益次郎によれば、まず日本を統一国家にするという構想（思想）があり、それに沿って全国的な国防体制（戦略）が練られ、その線から具体的な軍備（戦術）が組み立てられて、はじめて外圧に対処できるのである。しかるに幕府は、思想↓戦略の順序を忘れて、ただ黒船を撃てばよいとばかりに、品川沖に砲台を築いている。だが、こんな戦術だけの防備は絵に描いた餅にすぎないと看破して、彼は批判したのだった。

ここには貴重な教訓がある。政治でも企業でも戦略という言葉をしばしば使うが、実は単に目先の戦術にすぎない場合が多いように思う。気をつけるべきであろう。

益次郎は、その後の万延元年（一八六〇）に、木戸孝允《たかよし》の推挙で長州藩士となり、藩の兵制改革に打ち込んだ。そして慶応二年（一八六六）、長州征伐の幕府軍を敗北させたのも、その成果の一つだった。

参考文献
『大村益次郎』大村益次郎先生伝記刊行会　『大村益次郎』絲屋寿雄（中公新書）

「日米通商条約」をまとめた積極的開国論者

岩瀬忠震

【いわせ　ただなり】
（文政元年〜文久元年　一八一八〜一八六一）

語録

国家の大政を預かる重職は、この非常の場合に臨みては、社稷《しゃしょく》（国家）を重しとするの決心あるべからず。

安政三年（一八五六）、アメリカ総領事のタウンゼント・ハリスが来日した。この者の出現は、先のペリー提督の来航以上にやっかいな存在であった。なぜなら、ハリスは、幕府がなんとしても阻止したい通商条約の締結を実現しようとしてやって来たからである。外国との通商が始まれば、これはもう完全な開国になる。それを嫌う幕府は、伊豆下田の玉泉寺を総領事館にあて、出府を拒んだ。しかし、世界の大勢に鑑みてもはや鎖国固守は無理と判断した幕府は、ハリスの要求を入れて江戸駐在を許し、通商条約の締結交渉に応じることにした。その交渉で中心的役割を果たしたのが、海防掛目付の岩瀬忠震であった。

忠震は、文政元年に旗本の家に生まれ、幕府の学問所・昌平黌に学んで、秀才とうたわれた。やがては昌平黌教授になったが、嘉永七年（一八五四）老中首座の阿部正弘に抜擢されて海防掛目付になった。この海防掛は外交に関する業務も担当した。

忠震がそれまで身につけていた知識・教養は、儒学によるものだった。蘭学には一度も接していなかった。それが長崎に出張してオランダ人と接したり、ロシア使節のプチャーチン提督に対応しているうち、彼は西洋に関する知識を吸収した。そこから彼は、開明的な見識を持つにいたったのだった。元幕臣で明治のジャーナリストとして活躍した福地桜痴《おうち》は、忠震を高く評価し、『幕末政治家』の中でこう書いている。

「当時、幕吏中にて初めよりして毫《ごう》も鎖国攘夷の臭気を帯びざりしは岩瀬一人にして、（中略）識見卓絶して才機奇警、実に政治家たるの資格を備えたる人なり」

忠震はこの通商条約締結こそ幕府の政治を改革する好機としてとらえ、ハリスとの交渉に臨んだ。そして、横浜と函館を開港して貿易を始めるなどを決めた条約案を安政四年（一八五七）の十二月にまとめた。その中には、領事裁判権や協定関税制という不平等な条項もあった。これは、国際関係の知識もまだ深くはないことがもたらしたものであった。

そして、さらなる問題は、孝明天皇が勅許を与えようとしないことだった。くわえて、大老に就任した井伊直弼も、祖法である鎖国を固守したいので、「勅許がおりないかぎり、調印は延期せよ」と指示した。また、直弼としては、もし勅許がおりれば、祖法を捨てたのは天皇の命によりやむを得なかったとして、自分の責任のがれもできるとの思惑もあった。

しかし、隣の清国とのアロー戦争に勝って一方的に不平等条約を押しつけたイギリスとフランスが、ただちに日本にやって来るとの風聞が舞い込んだ。国土の一部が租借地になるような酷い不平等条約を防ぎたい忠震は、一刻の猶予もならないと判断し、大老にその旨を言上するや、ほとんど独断のかたちで、日米修好通商条約に調印した。

これは忠震の思想が幕府の枠を超えて、日本という大きな立場にたつようになっている証左である。先の『幕末政治家』にも、表記の言葉が忠震の発言として記されている。

大老・井伊はそれから間もなく安政の大獄を起こすが、反幕の活動家を捕縛するだけでなく、開国・改革を目指す幕府有司をも処罰した。そうしたなかで、忠震はもっとも重い永蟄居の処罰を受けた。それからの忠震は憂悶の日々を過ごし、二年後の文久元年（一八六一）に死去した。憤死といってもいい。享年四十三歳であった。

参考文献
『岩瀬忠震』松岡英夫（中公新書）　『幕末外国関係文書』（東京大学出版会）　『幕末外交談』田辺太一（平凡社）

朝廷と志士の間を結んで国事に奔走した勤王僧

月　照

【げっしょう】
（文化十年〜安政五年　一八一三〜一八五八）

語録

国の為に害を除き国の為に難に赴く、是れ真に仏意に合する者。それ国に生まれ国害・困難を坐視傍観する、之を徒食と謂う。

月照は大坂の町医者の家に生まれ、文政八年（一八二五）に十三歳で出家した。得度した京都の清水寺成就院で修行を重ね、二十三歳の時、そこの住職となった。

僧侶の身である月照が、やがて国事に奔走し、勤王僧と呼ばれるようになる。それは、日本の近海に異国船がしばしば出没するようになったのを憂慮したことに始まる。

しかも、成就院は朝廷との関係も深く、嘉永三年（一八五〇）には、御所表から国家安寧の祈禱が仰せ出され、天皇が心を悩まされていることを知り、月照の思いはますます強くなった。

憂国の情に突き動かされた月照は安政元年（一八五四）、ついに同じく出家していた弟の信海に成就院住職の座を譲り、存分に活動できる身に自らをおいた。

月照の目指すところは、当時のいわゆる志士の多くがイデオロギーとしていた〝尊王攘夷〟であった。そして、それにまったくこたえようとしない幕府をやがては見限り、月照は討幕をもくろむようになった。

そのためには朝廷を動かさなければならない。月照は志を同じくする活動家を、同じく反幕の公卿に引き合わせるなどして、反幕勢力の結束に大きく貢献した。

その一つが、安政五年（一八五八）八月に孝明天皇が水戸藩に下した密勅（戊午《ぼご》の密勅という）の実現に尽力したことだった。これは、通商条約の違勅調印をした幕府を譴責し、諸侯協力して国難にあたるようにとの内容で、すでに書いたとおり勤王藩とされる一七藩に下された。幕府にとっては、独裁権が否定され、存在が無視されたようなもので、許しがたい行為だった。

月照はまた、西郷隆盛が藩主島津斉彬《なりあきら》の命を受けて朝廷工作をするのにも力添えをした。隆盛のその工作は、朝廷の公卿、ひいては天皇を動かして、幕府政治の改革を手がけようとするものだった。これまた、幕府にとっては、反幕の活動として放置できなかった。

手をこまぬいて見ておれなくなった幕府は、安政五年の九月、ついに反幕活動家の大々的逮捕にふみきった。世にいう安政の大獄である。

朝廷と反幕活動家の連絡などに大きな役割をしていた月照にも、たちまち幕府の追求の手はのびた。もちろん、月照も覚悟していたことであり、日ごろから表記のように語っていたと、弟子の一人忍向和尚が書き残している。出家の身であっても、国難に挺身するのが仏陀の教えにかなっている、というのである。

しかし、おめおめと幕府の手に落ちるわけにはいかない。西郷隆盛が守って、薩摩へと逃れた。ところが、数カ月前に藩主斉彬が急逝し、藩の実権を握った異母弟の島津久光は幕府をはばかって、月照をかくまうことを許さなかった。そして〝東目《ひがしめ》送り〟を命じた。

これは、薩摩藩独特の処刑の仕方で、日向の国境まで連行して斬り捨てるというものであった。

十一月十五日の満月の夜、月照を乗せた舟が鹿児島の港から漕ぎ出された。同乗した隆盛には、月照一人を死なせるつもりはなかった。沖に出ると、隆盛と月照は相擁して入水した。漕ぎ手たちはただちに引き返して救いあげたが、月照はすでにこときれていた。享年四十六歳。

大君のためには何かをしからん
　薩摩のせとに身は沈むとも

これが辞世の歌であった。

一方、隆盛は介抱の結果蘇生した。しかし、藩庁は幕府をはばかって死亡ということにし、奄美大島に流罪とした。彼が活動を再開するのは三年後である。

参考文献
『月照』友松圓諦（吉川弘文館）　『月照上人略伝』磯谷勝二郎

西力東漸の危機を説きつづけた海防僧

月性

【げっしょう】
（文化十四年～安政五年　一八一七～一八五八）

語録

男児志を立てて郷関を出づ
学もし成らずんば死すとも還らず
骨を埋むる豈《あ》に墳墓の地のみならんや
人間至る処に青山あり

ここに取り上げる月性は、前項の月照と混同されることが多い。両者とも発音が〝ゲッショウ〟であり、両者とも僧侶である。しかも、両者とも激しく幕府を批判し、安政の大獄の前後に死亡している。というわけで、混同されるのも無理からぬところであるが、二人に形容詞をつけて、〝勤王僧の月照〟、〝海防僧の月性〟というふうに呼び分ければ、わかりやすいであろう。

さて、海防僧と呼ばれた月性は、文化十四年に長州藩の周防遠崎《とおざき》（現柳井市）の妙円寺に生まれた。彼は気性が激しく、子供のころは相当な腕白坊主であったらしい。が、学問するのは好きで、青年になると、各地の著名な学者を訪ねて教えを請い、知識をつけていった。

その遊学を志して出発を前に詠んだのが、寺の壁に書き刻んだ表記の詩である。今日でも、「立志出関の詩」として有名である。

月性はこの志どおりに各地を巡り、西洋事情も学ぶなかで、西洋列強がじわじわと東洋諸国を圧迫する、いわゆる西力東漸に危機感をいだくようになった。そして、海岸防備のあまりの貧弱さを痛感し、法話のなかでも海防が急務であることを説いて、海防僧と呼ばれるようになる。その海防にもっとも力をいれなければならないはずの幕府はというと、なんら手を打とうとしていない……。幕府の対策をこのように見る月性は、その行き着くところ、討幕以外に日本を救う道はないとして、討幕論をうちだした。

月性はその信念を「封事草稿」と題する意見書にまとめ、安政二年（一八五五）に長州藩庁に建言した。同時に、同志にも示した。その一人として、萩の野山獄に幽閉されている吉田松陰にも送られた。その建言書の中で月性は、「幕府が天朝の心にそむき、異国に屈伏するようならば、藩主はただちに義兵を起こし、幕府を討伐すべきである」と主張した。

これを読んだ松陰は、討幕よりも今は諫幕をすべきであるとの返事を書いた。その中で松陰は、「今そのようなことをしても、すぐに強力な政府ができるものではない。大事業は、決して一時の悲憤慷慨でできるものではない。確かに、徳川将軍はその職責を充分に果たしてはいないが、諸藩もまた同じで、幕府よりなお悪い」と言い、つづけて、「兄弟牆《かき》に鬩《せめ》げども外その侮りを防ぐ、のたとえもあるように、西洋の脅威という大敵が外にある時、どうして国内で鬩《せめ》ぎ合っていられようか。幕府には人材も多いのだから、幕府を諫《いさ》めて諸藩も協力一致の政治を行わせることこそ大事である」、と述べた。つまり、この時点では、松陰は諫幕論者として、幕政を改革して挙国一致の政治に期待をかけていたのである。

その松陰もやがて月性同様に討幕論に転じる。それはハリスとの通商条約の交渉において、幕府が違勅調印をした時であった。安政五年（一八五八）七月、松陰は「大義を議す」との建言書を藩主毛利敬親《たかちか》に呈上し、藩をあげて討幕の義挙に出るべきであると説いたのだった。

これを知れば月性はどれほど意を強くしたことか。だが、月性はその二カ月前、もうこの世の人ではなくなっていた。病気になり急死したのである。享年四十二歳。

参考文献
『月性』海原徹（ミネルヴァ書房）　『月性師事蹟資料』（山口県文書館）

安政の大獄で「階級秩序を乱した」との廉《かど》により刑死

橋本左内

【はしもと　さない】
（天保五年〜安政六年　一八三四〜一八五九）

藩校の教育刷新で人材養成に成果

語録

いかに豪放・磊落《らいらく》・剛毅・狷介《けんかい》なればとて、道理に熟せず、学術に明ならずしては、大節義、大機略を具《そな》え、大作用、大処置をしでかし候義、甚だもって覚束なく存じ奉り候。

安政の大獄では、多くの反幕活動家が捕縛された。そのなかで、もっとも危険思想の持ち主として斬首の刑に処されたのが、吉田松陰と、ここに取り上げる橋本左内であった。

松陰は、西洋先進国に伍していくには統一国家をつくらねばならないが、それには幕府は無用であるとして、討幕論を打ち出した。

左内も統一国家をつくらねばならないという点では松陰と同じであるが、幕府を根本から改革すれば、幕府を主体とした統一国家の実現は可能であるとした。したがって、けっして幕府否定ではないのだが、大老井伊直弼《なおすけ》は、幕府に仇なす危険人物として左内を処刑したのだった。

この左内は天保五年、越前福井の城下町で医者の子として生まれた。はじめは藩立の医学所で漢方と漢学を学んだが、父の勧めもあって西洋医学を学ぶため、十六歳で大坂の適塾に入門した。この塾を主宰する緒方洪庵は単に医学だけでなく、広く蘭学を教えており、左内はここで、西洋への眼を大きく開くことになった。

しかも、優秀な成績をおさめたので、左内の名は藩主松平春嶽にも知られるところとなった。春嶽は、後に書く横井小楠の登用もそうであるが、人材発掘に大変熱心であった。

嘉永五年（一八五二）、左内は郷里福井に帰り、弱冠十八歳で藩医にあげられた。しかし、彼はこの頃すでに、医者として人の病気を治すより、政治にたずさわって世の病気を治すという志を強くしていた。その願いをかなえてくれたのは春嶽であった。左内の才能を見抜いた春嶽は安政二年（一八五五）、二十二歳の彼を士分に取り立てたうえで、側近に加えたのだった。

春嶽がその左内に最初に与えた大きな仕事は、藩校明道館の改革だった。

福井藩の藩風は元来尚武に片寄り、学問を軽んじるきらいがあった。春嶽はそれを改めて、文武不岐、学政一致の気風をみなぎらせたかった。その重大任務をわずか二十二歳の左内を起用して実現しようというのである。春嶽の左内に寄せる信頼のほどが察せられる。左内は学監心得、いうなれば副学長の地位に就き、教育刷新に腕をふるうことになった。

左内は改革を進めるに際し、まず「学制に関する意見箚子《さつし》」を藩主に提出した。表記の言葉はその中にある。

「いかに豪胆で意志が強く、節操が固いといっても、学問をしないで道理に熟達しないと、真に偉大な精神と才智にすぐれた謀りごとを身につけ、偉大な事業を完成したり、難問を解決するなどの業績をあげることは困難である」として、学問の重要性を強調している。

つまりは、政治を革新するにも、秩序ある社会を実現するにも、学問を通して人材をつくらなければならない、との主張である。

左内は、その人材養成の成果をあげる方法として、次の四つの要件を掲げた。

第一は長所を見抜く。

第二はその長所を伸ばすように援助する。

第三はその能力を試みる場を与える。

第四は相応の任務につけて活躍させる。

これはそのまま今日でも、ＯＪＴや研修を通して行う企業や、組織体の人材育成にもあてはまる。まず長所や潜在能力を見抜いて、その面を伸ばしてやるというのは、〝加点主義〟の育成といっていいだろう。その反対に、部下の短所や劣る点にばかり目をやってやかましく言うのは〝減点主義〟で、当人にはつらく、やる気もなくしがちになる。加点主義で長所を伸ばして能力がついたと見たら、それを試す機会を与える。こうして実務の中で自信を得ると、ますます伸びる。そのうえで適材適所の部署につけて実力を発揮させれば、効果は大になる——まさにそうであろう。

西洋に対抗できる統一国家を構想して

語録　**執政者、時勢人情を料《はか》らず、みだりに触犯致し候時は、その国必ず乱る。**

左内は前述したように、藩校明道館の教育刷新を手がけ、儒教的教養とともに西洋知識も学ぶ制度を導入するなどして、たちまち清新の気がみなぎる学風をつくりあげた。松平春嶽は左内をさらに重用して、側近にとりたてた。

折りも折り、アメリカ総領事のハリスが、和親条約を一歩進めて通商条約にしようと、幕府に強く働きかけていた。幕府がこれをのんで調印すれば、鎖国は終わりを告げることになる。それをめぐって国内の政局は、鎖国か開国かの厳しい対立様相になりつつあった。

同時に、これと絡むように起こったのが将軍継嗣問題であった。というのは、時の将軍家定は病弱で子がなく、早急に後継者を決める必要があった。通常なら、将軍に血統の近い者が選ばれる。しかし、国政多端の時、血統を重視するよりも、将軍として一見識をもち、立派に政治が行える人物を後継者にすべきであるとの意見が台頭してきた。

これによって、幕府内部に、血統優先派と人物本位派が対立する将軍継嗣問題が生じた。そして、前者の多くは鎖国固守であったが、家定の従兄弟にあたる紀州藩主の徳川慶福《よしとみ》を立てようとした。後者には開国路線をとる者が多く、彼らは水戸藩から三卿の一つに入った一橋慶喜《よしのぶ》を推した。安政五年（一八五八）の時点で慶福はまだ十三歳の少年、一方、慶喜は英邁の誉れ高い二十二歳であった。

この対立はまた、開国・人物本位派が幕政改革推進派であり、鎖国・血統優先派は幕権現状維持派という構図にもなっていた。

こうした政局のなかで、春嶽は幕政改革推進派の中心的存在となり、その実現工作に左内を使った。左内にとっても、これは自分の思想を実現する絶好の機会だった。左内は早くから貿易の重要性を認識した開国論者であった。

しかし、開国のためには、西洋に対抗できるだけの統一国家をつくる必要があるとして、すでに次のような意見を述べていた。

「西洋の政治は、上下とも衆情にもとづき、公儀に反しないことが第一になっている。人材登用は行き届き、国王一身の独裁が禁ぜられ、国王の一族は貴族として尊敬はされるが、不賢の人は決して政治に参与させないという。学校教育の制度は特に整っていて、ここで才能開発し、人材を登用するから、優秀な指導者層が豊富に得られる」

左内はまた、安政三年（一八五六）四月に藩の重臣・中根雪江《せっこう》にあてた書簡の中でも、表記のように述べている。意味するところは、「政治を行う者が、よく時勢や人情を考慮にいれず、勝手気ままに政策を強行すれば、その国は必ず乱れます」、と言うのである。

つまるところ、左内は議会政治を指向し、地位の世襲を否定しているのである。しかしながら、封建制の今、いきなり将軍の世襲の否定は無理。ならば、血統の濃淡よりも、せめて賢不賢を基準にと考え、左内は一橋慶喜の擁立に天皇を動かそうとするなど工作に全力をあげた。

そのためには、大老井伊を頂点とする血統優先派の目をくらます必要がある。左内は桃井伊織と変名を用い、同じく島津斉彬の命を受けている西郷隆盛らとも協力して、朝廷工作に精力を傾けた。しかし、反対派にはばまれ、この対立も原因の一つとなって起こった安政の大獄で捕えられた。

左内は堂々と自分の信じるところを述べたが、大老は「階級秩序を破った不届者」と断定し、死罪とした。

その判決文には、「主人松平春嶽が一橋公を将軍継嗣にしようとするのを、本来なら家来として、それは間違いであると思いとどまらすべきなのに、かえって積極的に京都に出かけて行き、実現させようと悪謀をつくした。これは公儀を憚らざるいたし方なり。右始末不届きにつき死罪申しつくる」という理不尽なものだった。享年二十六歳であった。

参考文献
『橋本左内全集』（景岳会編）　『橋本左内』山口宗之（吉川弘文館）　『幕末政治家』福地源一郎（民友社）

第二期

公武合体か尊王攘夷か

安政六年（一八五九）～元治元年（一八六四）

◉衰退する幕府権力の挽回策として

安政五年（一八五八）から翌六年にかけて、大老井伊直弼《なおすけ》が強行した安政の大獄。

これは、反幕分子を容赦なく捕縛、処罰して幕府権力を天下に示し、幕府独裁権を回復するのが目的であった。しかし、思惑どおりには事が運ばず、いわゆるヤブヘビの現象を見せつける結果となった。それは、幕府に対する不平不満、批判反対などが顕在潜在して、幕府はこれらを抑えきれなくなっている。つまり、幕府の衰退ぶりが、あぶりだされたのである。

これを、もっともその身をもって知らしめられたのが、当の井伊大老であったと言っても、まず間違いないであろう。その根拠といってもいいかと思うが、直弼は大獄の遂行過程で天朝の権威を取り込もうと、老中たちにもちかけている。朝廷を政治に参加させるのではない。神聖な権威を持つ天皇が幕府の政治に協力していると天下に示すことによって、幕権の強化を図ろうというのである。

これを見える形で世間に知らしめる……。その方策として考え出されたのが、皇女の降嫁を願って天皇に奏請し、将軍家茂《いえもち》の御台所になってもらうことであった。これを公武合体策と称し、実現にこぎつけようとした。

ところが、安政の大獄がほぼ終結して半年もたたない万延元年（一八六〇）三月三日、登城する大老井伊の行列が桜田門の近くにさしかかった時、水戸浪士ら十八名に襲撃され、井伊直弼が暗殺されるという事件が起こった。これを〝桜田門外の変〟というが、幕府の最高権力者が白昼に非業の死をとげたことで、いよいよもって幕府衰微の実相があらわになった。

井伊の後を受けて老中首座に就いた磐城平藩主の安藤信正は、この事態を憂慮し公武合体こそ起死回生策として、ただちに朝廷への働きかけを開始した。

◉公武合体の犠牲となった和宮親子《ちかこ》内親王

幕府からの奏請によって降嫁の候補となったのは、孝明天皇の御妹である和宮親子内親王であった。

万延元年のこの時点で、将軍家茂も和宮も同じ十五歳。歳のつり合いには何の問題もなかったが、一つ障害があった。それは、すでに和宮が皇族の有栖川宮熾仁《たるひと》親王と婚約されていたことだった。しかし、幕府はそれを承知で、強引に和宮の降嫁を要請した。

孝明天皇は、和宮に婚約者がいること、遠い東国の江戸に和宮をやることの不憫《ふびん》さなどから、幕府の奏請を受け入れようとはしなかった。

これに対して、幕府にとっては思いもかけない援護者が、朝廷の中から現れた。公卿の岩倉具視《ともみ》が、幕府の懇願を聞き届けるようにと、天皇に進言したのである。しかし、具視の真のねらいは幕府の思惑とは真反対の、朝廷を主とし幕府を従にしようとするための公武合体だった。

つまり、天皇親政を実現するための一里塚として、皇女降嫁を認めたらいいのではないか、というわけである。それに加えて、彼は天皇が夷人を蛇蝎《だかつ》のごとく嫌うのを忖度《そんたく》し、降嫁の条件として幕府に通商条約の破棄を約束させるよう進言もした。これは、天皇の心を動かした。幕府のほうも、和宮の降嫁が勅許されるならば、これから十カ年のうちには条約破棄か攘夷を実行する、と安易に約束した。

天皇が容認したことにより、和宮も「天下泰平の為、誠にいやいやの事、余儀なく御受申し上げ候事におわしまし候」と承諾せざるを得なかった。公武合体としては一つであるが、朝廷側と幕府側ではまさにこれは同床異夢というほかはなかった。

こうして、文久二年（一八六二）に皇女和宮は十四代将軍家茂に降嫁して幕府の御台所となり、公武合体は見えるかたちで天下に知らしめることができた。その見えるかたちということで一例をあげるなら、御所を出立した和宮の東下行列のものものしさだった。幕府は和宮の輿の警護に十二藩、沿道の警備に二十九藩を動員し、総勢八千人と馬三〇〇頭が随行する大行列が中仙道を下って行った。この様子は人々の話題となり、行列絵を描いた瓦版なども出た。

◉公武合体派と尊王攘夷派の鬩《せめ》ぎ合い

公武合体を政治体制にしようとする発想は、幕府当局を軸として公卿の中や諸藩の中からも支持を得て、一つの勢力となった。

その一方で、尊王攘夷を旗印として公武合体に対抗する勢力が形成された。そしてこちらもまた、公卿の中や諸藩の中、さらには勤王の志士を標榜する浪士にまでおよんで勢いをつけてきた。

この両派は激しく鬩ぎ合ったが、どちらも天皇を至上として戴こうとしたのが、大きな特徴であった。しかし、どちらも一本筋の通った確固たる理念、あるいは信念でまとまっているかというと、そうではなかった。そのため、活動のあり方にもさまざまな揺れ動きが生じて、事件が多発した。

まず、公武合体派の方を見るに、幕府と朝廷が真に協力して、日本の政治をしようとするのではない。幕府からすれば、天皇の権威をかりて、協力政治をしていると見せかければいいのである。そうすれば、天皇をかついで反幕活動をする分子も懐柔できるとの思いもある公武合体策である。もちろん、これによって朝廷工作も容易になるとの読みもあった。また、岩倉具視のように、主導権を朝廷にとりこむための方策として公武合体に乗る者もいた。

対抗する尊王攘夷派はというと、和宮を人質に取って権力維持を図ろうとするのが幕府の本音で、公武合体は体《てい》のいいお題目であると見る点では、おおかたが一致していた。しかし、こちらもまた、真情を追求してみると、決して一色ではなかった。それを類型化してみると、大きくは狂信的尊王攘夷者と理性的尊王攘夷者の二つに分けられる。

狂信的尊王攘夷者というのは、わが日本を神の国と信じて、その頂点におわします天皇を絶対視し、幕府は天皇から政権を奪っている不忠の臣であるとみている。また、夷人が神国の土地を踏むのはけがらわしいのに、それを許している幕府は怪しからんし、天皇のご意志にも反している。であるから、幕府から政権を奪い、かつ外国勢力を日本から追放しなければならないという考えのもとに活動を展開していた。

理性的尊王攘夷者はというと、天皇を頂点に仰ぎ、その天皇のご意志は攘夷であるのに、幕府はそれに逆らっているとして対抗するところは、狂信的尊攘の志士と共通している。だが、攘夷については、ここがまさに理性的といっていいのだが、狂信的な考えではないのだった。それを論理で追うと、攘夷を叫ぶのは幕府を窮地に落とすための手段で、最終的には開国を目指しているのである。

つまり、幕府の行ってきた開国は欧米の圧力に負けた屈辱的なものである。そのような弱腰の幕府を政権の座から引きずり下ろすのに攘夷を手段として用いるが、それが成功した暁には、欧米と対等な立場で開国にもっていく。究極として、そのためには朝廷中心の統一国家をつくらねばならないというのが、彼らの志向であった。

◉血なまぐさい暗殺事件などが多発

公武合体と尊王攘夷――この両派の思惑のもつれから、この時期にはさまざまな事件が引き起こされた。また、幕末の十数年の中で、暗殺事件も多発し、もっとも血なまぐさい期間だったともいえる。それらの大きなものを列記してみると、次のようなものがあげられよう。

先にも書いたように、万延元年（一八六〇）には、〝桜田門外の変〟で大老井伊直弼が尊攘派の浪士らに暗殺された。

翌々年の文久二年（一八六二）には、将軍家茂と皇女和宮の婚儀直前の一月、老中主座の安藤信正が坂下門外でやはり尊攘派浪士らに襲われて傷を負った。これを〝坂下門外の変〟

という。

同年の四月には、公武合体を主張する薩摩藩の島津久光が、藩内の尊攘激派の藩士十数人を粛清する寺田屋事件が京都伏見で起こった。

なお、この頃から元治にかけては、尊攘派の分子が、〝天誅〟と称して公武合体派を暗殺するという陰惨な事件が相次いだ。犠牲になった主な人物をあげてみよう。

公卿九条尚忠《ひさただ》の腹心だった島田左近、勤王から佐幕に寝返ったとして憎まれた越後郷士の本間精一郎、幕府の御用学者とみられた塙《はなわ》次郎（以上は文久二年）、勤王の志士を裏切ったとして憎まれた儒学者の池内大学、尊攘だったのが公武一和を唱えるようになったとみられた姉小路公知《きんとも》（以上、文久三年）、京都所司代と親しくしていた画家の冷泉為恭《れいぜいためちか》、天皇の彦根遷都を画策したとみられた佐久間象山（以上、元治元年）などである。

これに対し、公武合体派からの報復として、尊攘派を暗殺する事件も起こった。そのもっとも代表的なのが、幕府の京都守護職配下に入った新撰組による死傷事件の多発だった。

新撰組は文久三年（一八六三）、将軍家茂の上洛に際して、尊攘派の分子をけん制するために関東の浪士を募って組織され、武蔵多摩郡の出の近藤勇が局長となって辣腕《らつわん》をふるった。弾圧のすさまじさは、尊攘派志士をふるえあがらすほどで、何十人もがその刃にかかって殺された。なかでも凄惨をきわめたのは、元治元年（一八六四）六月の池田屋騒動である。

これは、尊攘派の志士二十数名が三条小橋の旅籠池田屋で密議をしているところを、新撰組に襲われた事件だった。殺されたり、深手を負って自刃した者が一六人におよんだ。

また、尊攘分子による対外事件も多く起こった。

万延元年（一八六〇）の十二月には、アメリカ公使館書記のヒュースケンが薩摩浪士に殺害された。

翌文久元年（一八六一）五月には、水戸浪士らが高輪東禅寺のイギリス公使館を襲い、館員に負傷者が出た。

文久二年八月には生麦（神奈川）で、薩摩藩の島津久光の行列を横切った外人四人が殺傷された。生麦事件と呼ばれている。

同年十二月には、長州藩の高杉晋作や久坂玄瑞《くさかげんずい》らが、品川御殿山のイギリス公使館を焼き討ちした。

◉混迷の度合いを増すばかりの政局

幕府はこのような内憂外患をかかえ、幕権回復の体制立て直しを図り、文久二年（一八六二）に新組織として将軍後見職と政治総裁職を設けた。そして、前者には三卿の一人である一橋慶喜《よしのぶ》を、後者には親藩の越前福井藩主である松平慶永《よしなが》（春嶽）を任命した。さらに、京都の治安維持を目的にした京都守護職を新設し、同じく親藩の会津藩主である松平容保《かたもり》が就任した。しかし、これらは屋上屋を架す感じで、必ずしもうまく機能しなかった。つまり、幕府の最高機関である老中からすれば、その権限をおかしそうな将軍後見職や政治総裁職はけむたい存在で、あまり協力する気にならない。また、京都にはすでに京都所司代があり、そこに京都守護職ができたのでは、職責の明確さがあいまいになるだけである。

そのような状況のなかで、文久三年（一八六三）の三月、将軍家茂が上洛を余儀なくされた。これは三代将軍家光の上洛以後行われなくなっていた天皇拝謁が二三〇年ぶりに復活したというもので、大きな事件だったと言ってもいいだろう。そして、この時から政局の中心が京都に移り、時代の大きな転換を意味した。

天皇に拝謁した家茂は、和宮降嫁で約束したとおり、攘夷決行を誓った。しかし、本音ではそれを避けたいので、「五月十日を攘夷期限とする」と奉答したが、諸藩に対しては、「ただし、外国から襲撃された時に、打ち払いを行え」と、逃げの手の通告をした。ところが、これを無視して期限のその日、攘夷を決行したのが長州藩であった。下関海峡を通航するアメリカ商船やフランス軍艦に砲撃を仕掛けた。

これによって、対外関係も一気に緊迫し、政局はますます緊迫の度を深めた。それらを時系列的にみていくと――。

一カ月後の六月には、米・仏の軍艦が下関砲台を報復攻撃して、長州側は敗北した。

七月には、前年の生麦事件の報復にイギリス艦隊が鹿児島を砲撃した。これを薩英戦争といい、薩摩側は大きな被害を受けた。

公武合体派と尊王攘夷派の葛藤は激しさを増し、八月十八日、公武合体派の公卿と御所守衛の会津と薩摩の両藩兵が、尊攘派を朝廷から追放するクーデタを起こした。これを八・一八の政変といい、三条実美《さねとみ》ら七人の公卿と長州藩が京都から落ちて行った。

次の年の元治元年（一八六四）の七月には、長州藩が京都での勢力挽回をしようと、藩兵を率いて上京し、御所を守る会津、薩摩の藩兵と兵火を交えた。これを〝禁門の変〟といい、長州藩は敗北したうえ、天朝に弓を引いたとして朝敵になってしまった。

幕府はこれぞ長州藩を滅ぼす絶好の機会とばかり、勅命を仰いで長州征伐を決めた。その長州藩は八月、米・英・仏・蘭の四国連合艦隊に下関を砲撃され、大きな被害をだした。

こうした状況となって、政治の局面はさらに厳しい対立へと移っていくのだった。

幕府の公武合体策を逆手に王政復古の実現へ

岩倉具視

【いわくら　ともみ】
（文政八年～明治十六年　一八二五～一八八三）

皇女・和宮の降嫁を天皇に進言

語録

関東へ御委任の政柄《せいへい》を隠然と朝廷へ御収復遊ばされ候御方略に拠《よ》らせられ、先ず億兆の人心を御収攬、其の帰向する所を一定致させ候て、輿論公儀に基づき御国是を儼然と御確立遊ばされ候。

安政の大獄が終わってまだ半年もたたない万延元年（一八六〇）三月三日の朝、幕府の最高権力者である井伊大老が、登城途中を十数人の浪士に襲われ暗殺されるという桜田門外の変が起こった。これは幕府の衰退、弱体化を天下にさらす事件であった。

幕府の権威権力を維持するためには、もはや天皇を頂点とする朝廷の権威に頼るほかはない。ここに、いわゆる〝公武合体〟の政権維持策が喫緊の課題となった。

実はこの政策、すでに幕府衰退を身をもって実感していた井伊大老がすでに打ち出していたものであった。その大老が暗殺されたことにより、幕府首脳は一刻も猶予ならないものとして、公武合体の実現をもくろんだ。

といっても、政権の主体はあくまで幕府であり、朝廷と協力していると見せかければいいというのが本音である。そうすれば、〝尊王攘夷〟の反幕勢力も抑えることができる。その公武合体が見えるかたちというか、その証として万延元年（一八六〇）の四月に天皇へ奏請したのが、「皇女の幕府将軍への降嫁」であった。

この時点で、十四代将軍の徳川家茂《いえもち》は十五歳。それに見合う皇女は孝明天皇の御妹で、将軍と同い歳の和宮親子《ちかこ》内親王だけであった。

ところが、和宮はすでに皇族の有栖川宮熾仁《たるひと》親王と婚約されていた。しかも、京都御所から外に出たことのない和宮である。

その和宮を、兄妹のように仲むつまじくしている熾仁親王と引き離し、遠い東国へつかわす……。しかも、その東国は今や横浜が開港して、蛮夷のような異人が横行している。天皇としては、十五歳下のいたいけない和宮が不憫《ふびん》で、とても幕府要請を受け入れることはできない。叡慮《えいりょ》を察して、側近の公卿たちも同調した。

そうしたなかにあって、この公武合体を推し進めるよう進言したのが、下級公卿の岩倉具視であった。

文政八年（一八二五）生まれの具視は、安政元年（一八五四）二十九歳の時、孝明天皇の侍従に任じられた。以後、天皇の側近くで皇室の衰微のありさまを目の当たりにして、彼は王政の回復に強い思いを馳せるようになった。

そこへ、この公武合体がもちあがった。具視はこれを、自分の信念実現の絶好の機会ととらえた。すなわち幕府の思惑とは真反対に、朝廷を主とし幕府を従にして、最終的には天皇親政を果たすのが目標であった。彼は上申書を天皇に呈した。表記の言葉はその一部であるが、全体はおおよそ次のような内容であった。

「幕府の権力は今や地に落ち、人心も離れている。それゆえ、幕府は朝廷の威光をかりて政権を維持しようとし、皇女の降嫁を願ってきた。

今、わが国は人心も定まらず、外圧にもさらされていて、危機にある。これを救うためには、幕府に委任している政権を朝廷に収復し、人民の心も朝廷のもとに収攬して、世論・公論に基づいた国是を確立しなければならない。

そのために、縁組の請願を特別に許して、幕府に恩を施し、〝公武一和〟を天下に明示するのがよい。そのうえで、国政の重要事項は必ず朝廷の許可を得て行うように命じる。これによって、実権を朝廷がにぎることになる。

以上のように考えると、和宮の降嫁はただ御一身の問題ではなく、皇威の御消長にかかわる重大事である」

この上申書が孝明天皇の心を動かし、和宮の降嫁は決定したのだった。

天皇親政による統一国家を主張して

語録

方今の急務は皇国上下の方向を一定し、君民同心協力して富国強兵に努め、皇威を宇内《うだい》に宣揚すべきの大基本を立つるにあり。

和宮の降嫁の状況は次項に見るとして、具視が最終目的とした王政復古は、その後どのような推移をたどったか。結論を先に言うと、朝廷と幕府が真っ向から対決する第三期の慶応三年（一八六七）に実現した。ただし、それまでの経緯は一筋なわではなく、紆余曲折があった。

まず具視自身は、天皇を説得した知恵者ぶりが知られて、公卿の末席にいる身分ながら存在感を示しはじめた。

ところが、文久二年（一八六二）に和宮が降嫁し、その頃から尊王攘夷派が朝廷内で勢力をふるいはじめ、巷間では〝天誅〟と称して、佐幕派と目される者の暗殺が相次いだ。

和宮降嫁を推進した具視は佐幕派と見られて、尊攘派勢力から弾劾された。そのため、文久二年の五月には、昇進していた左近衛中将の位も辞退して、京都郊外の岩倉村への隠棲を余儀なくされた。それでも、尊攘激徒からは生命をねらわれたりして、彼の隠遁生活には厳しいものがあった。

洛中帰任が許されたのは、それから約五年後の慶応三年（一八六七）であった。その間に、幕府否定の王政回復論の路線が強くなり、具視の存在は再び無視できなくなってきたのである。彼はまた、そうした情勢推移のなかで政治意見書も書いて、関係各方面へ送った。

ところで、具視が隠棲中の慶応二年（一八六六）には、長州征伐のさなかに将軍家茂の急逝、一橋慶喜が徳川宗家を継いで十五代の新将軍に就任、さらには孝明天皇の急病による崩御と、大きな出来事が相次いだ。

翌三年の一月には明治天皇が践祚《せんそ》し、十五歳の若さの新帝を補佐する摂政に関白の二条斉《なり》敬《ゆき》が就任した。

具視はこの時、入洛が許されたばかりであったが、ただちに「済時策」という意見書を二条摂政に提出した。そこには「制度変革国政一新すべき事」として国内体制のあり方が論じられ、天皇親政による統一国家の確立が急務であると主張されていた。

表記の言葉はその一節である。源頼朝の鎌倉幕府以来、武家政治による封建割拠を否定する具視であるから、幕府の存在を認めようという考えは、ここにはもうどこにもなかった。

具視のその親政論は、早くもその年の十二月に〝王政復古の大号令〟が発せられて、天皇親政体制の第一歩を踏みだした。

その二カ月前の十月、将軍慶喜は幕府をとりまく厳しい情勢に抗しがたくなり、就任以来わずか一一カ月の在任で、幕府政治を奉還した。

具視は、待っていましたとばかりに、最終目標に向けて動きはじめた。奔走して反幕派の公卿をまとめ、薩摩藩や長州藩、芸州藩などに御所守衛の兵力配置を整えさせるなどした。

そのうえで、十二月八日、天皇が出御して王政復古が宣言された。

その一部は次のとおりである。

「王政復古・国威挽回の御基《おんもとい》を立てさせられ度く候間、自今、摂関・幕府等廃絶、即今仮に総裁議定参与の三職を置かれ、万機を行わせらるべく、諸事神武の創業の始めに基づき縉《しん》紳《しん》・武弁・堂上・地下《じげ》の別なく至当の公議をつくし、天下と休戚《きゅうせき》を同じく遊ばさるべき叡念に付き、各々勉励、旧来の驕惰の汚習を洗い、尽忠報国の誠を以て奉公致すべく候」

さらにこの後、小御所で御前会議、すなわち小御所会議が開かれ、徳川慶喜の辞官納地を決めた。これには土佐藩の山内容堂が、この処置は苛酷すぎると、強く反対した。具視はこれに対して、「土地・人民を手中にしたままでは、大政奉還は名ばかりではないか」と論破し、決着をみた。

翌慶応四年（一八六八）には、元号も明治と改まり、近代化に向けての明治時代が始まることになる。しかし、それが軌道にのるまでには、まだいくつもの困難な試練を経なければならなかった。

参考文献
『岩倉具視関係文書』（日本史籍協会）　『岩倉具視』大久保利謙（中公新書）　『岩倉具視公』徳富猪一郎（岩倉公旧蹟保存会）

公武合体の政略結婚で将軍家茂に降嫁

皇女・和宮

【こうじょ　かずのみや】

（弘化三年〜明治十年　一八四六〜一八七七）

語録

惜しまじな君と民とのためならば
身は武蔵野の露と消ゆとも

前項で書いたように、岩倉具視の上申書が孝明天皇の心を動かして皇女・和宮の幕府将軍への降嫁は決定した。じつはこの上申書には、前項では書かなかったが、もう一つ、孝明天皇の心をゆさぶる意見が述べられていた。

「幕府は勅許を得ずに異国と通商条約を結んだ。よって、破約攘夷の実行を命じ、それを幕府が約束することを条件に、ご降嫁を許可されるのがよい」、というものである。

孝明天皇にとって、これは願ってもない条件といえた。

この条件を突きつけられた幕府は、降嫁を実現させたい一心から、もはや不可能な破約攘夷をしぶしぶ約束した。「七年ないし十年以内には、外交交渉か、あるいは武力を用いてでも、天皇の御意志に沿い奉ります」と。

のちにこの約束は幕府を苦しめ、困らせることになる。すなわち、文久三年（一八六三）に将軍家茂が上洛して、攘夷の即時決行を誓わざるを得なくなるのである。まったく実行する意志もなければ、外国との信義から考えても実行は不可の誓いである。だが、今は降嫁実現に躍起で、政治的判断の慎重さを欠いていた。

こうして、和宮の降嫁は決定した。まさに政略結婚の犠牲者であった。

和宮は弘化三年に仁孝天皇の皇女として生まれた。しかし、御誕生に先だって、父天皇がにわかに崩御されたので、父君の慈愛を受けることのできない境遇で育った。そして、六歳の時、兄孝明天皇のおぼしめしによって、有栖川宮熾仁《たるひと》親王と結婚の内約を結ばれた。この時、熾仁親王は十七歳、和宮が十五歳になるのを待って結婚されることが定められていた。

そのご成婚が万延元年（一八六〇）の冬と決められようとしたその直前に、幕府から皇女降嫁の儀が起こり、平穏かつ幸福であるはずだった生活が激変したのだった。

和宮はこの降嫁を固辞するが、兄天皇の苦衷を察すると、結局は受け入れざるを得ず、熾仁親王との婚約は破棄された。和宮は天皇に自分の心境をつづった書面を差し上げるが、その中で、「天下泰平の為、誠にいやいやの事、余儀なく御うけ申し上げ候事におわしまし候」としたためている。そしてまた、表記のような和歌も詠まれているが、十五歳の少女にこれほどの思いを抱かせる政略結婚だったのである。

文久元年（一八六一）十月、和宮入輿の行列は京を出発し、中仙道を下って行った。もっとも通行便利な東海道を避けたのは、尊王攘夷の過激分子が和宮を奪取するのではないか、とおそれたからである。その点、山間の狭い道がつづく中仙道は、警護がしやすい。

幕府は十二の藩から警護の士を徴発し、扈従《こじゅう》する女官たちと合わせると、総勢八千人、馬三百頭という大行列を組んだ。そんなものものしさであったから、行列の先頭が次の宿場に到着した時、最後尾はまだ前の宿場を出発していないようなありさまであったという。

和宮はこの道中、幾首かの和歌を詠んでいる。

住み馴れし都路出でてけふいく日
　いそぐもつらき東路《あずまじ》のたび

翌文久二年（一八六二）二月、ご婚儀は挙行され、和宮は将軍御台所となったのだった。

参考文献

『和宮』武部敏夫（吉川弘文館）　『和宮様の後生涯』樹下快淳（人文書院）

松平春嶽の顧問として幕政改革を目指した実学思想家

横井小楠

【よこい　しょうなん】

（文化六年～明治二年　一八〇九～一八六九）

語録

おおよそ、仁の用は、利を以て人に及ぼすにある。

横井小楠は、佐久間象山と並んで明治維新の思想面で先駆的な役割を果たした。思想は社会・民衆のために役立ててこそ真の思想である、というのを信念とする小楠は、自分の学問を実学と称し、その実践をめざして実学党を組織した。小楠のこのような思想は、幕末には盛んになり、ほかにも唱える者が多くなった。これらを総称して実学思想というが、小楠はその先駆者でもあった。

その小楠は文化六年、肥後熊本藩の藩士の家に生まれ、藩校時習館で儒学を学び、秀才とうたわれた。しかし、儒学の中でも、人民を中心に据えて考える「孟子」や「陽明学」に傾倒して実学を唱えるようになり、ついには、領民が困窮する藩政を厳しく批判しはじめたので、藩から疎外された。

しかし一方、小楠の実学思想には共鳴する者も多く、藩主としては越前福井藩の松平春嶽がとりわけ高く評価して、安政五年（一八五八）に小楠を自藩に招き自分の顧問に据えた。

小楠はまた、漢訳洋書によって西洋知識を吸収し、儒学思想に照らして長所特質を判断し、自己を深めることに努めた。彼はその結果、〝人民を富ませる〟という考えのうえに政治や経済の体制、制度、組織などが構築されているとみて、西洋を高く評価するようになった。

特に、そのような政治の実践者として、アメリカのワシントンに尊敬の念を抱いた。ワシントンはアメリカ建国の父でありながら大統領の地位を世襲とせず、優れた人に譲り、民衆を主体に政治を行う共和制を敷いた。これは中国古代の聖天子とされる堯・舜に匹敵する業績、すなわち〝禅譲〟である、と小楠は賛美したのである。

小楠が西洋の政治・経済に着目したのは、象山が西洋の科学技術に着目したのと好対象をなす。しかし、両者とも、西洋の進歩性を見抜いたのは同じであり、そのような国々とは交流すべきであるとして、開国論を展開するのだった。

こうして実学思想と開国論が融合し、小楠はその実現を、春嶽を通して行おうとした。幸いにも、文久二年（一八六二）には春嶽が幕府の政治総裁職にあげられたので、小楠は早速、政治改革を構想し、七綱目からなる「国事七条」を建白した。

一、大将軍上洛して列世の無礼を謝せよ
一、諸侯の参勤を止めて述職となせ
一、諸侯の室家を帰せ
一、外藩・譜代にかぎらず賢をえらびて政官となせ
一、大いに言路をひらき天下とともに公共の政をなせ
一、海軍をおこし兵威を強くせよ
一、相対交易を止めて官交易となせ

彼はこの建白書の冒頭でこれまでの幕府政治を、「徳川御一家の都合ばかりを重視して、天下の民を安心させる政治をしていない」と、厳しく批判した。そのうえで、具体的な改革案を述べているのである。

たとえば第二綱目では、「大金を浪費する参勤交代を廃止して、その金を全国的な海防費にあてるべきである」と言う。また次の綱目では「室家、すなわち諸藩主の正室を江戸に留め置くのは、あきらかに人質政策であって、これでは挙国一致の政治はできない。国許に帰

すべきである」と言う。すべてが日本という大きな観点からの提言であった。

幕府首脳から見て、小楠の意見は過激でとても容れられない。結局、小楠は国許で蟄居せざるを得なくなるが、彼はひるむことなく自分の思想を、教えを請うて集まってきた弟子たちにつぎ込んだ。その根本は、表記の言葉につきる。つまり「仁政というのは、人民を思いやり人民が豊かになるようにすることである」という思想の主張であった。

この思想を企業にあてはめれば、まずユーザー、カスタマー、コンシューマーを大事にする経営を理念とせよということである。政治でいえば、国民を置き去りにして、自党自派の利害優先で動くのは邪道、ということである。

明治元年（一八六八）、明治新政府が発足すると、小楠は召命を受けて最高顧問に就任した。彼は次々と改革の新提案を行った。しかし、時代の洞察ができない頑迷な反動家からみれば、「小楠は大和魂を欧米に売りわたす国賊である」ということになる。小楠が新政府に入ってまだ一年もたたない明治二年（一八六九）一月であったが、そのような反動分子が政庁（太政官）を退出する彼を待ち伏せして暗殺した。六十歳の生涯であった。

参考文献
『横井小楠』松浦玲（朝日新聞社）　『横井小楠伝記』山崎正董（明治書院）　『横井小楠「時務策」考』徳永洋（熊本近代史研究会）

西洋に対抗できる統一国家の実現を志して

久坂玄瑞

【くさか　げんずい】

（天保十一年〜元治元年　一八四〇〜一八六四）

語録

竟《つい》に諸侯恃《たの》むに足らず、公卿恃むに足らず。草莽《そうもう》の志士糾合、義挙の外には迚《とて》も策これなき事と、私共同志中申し含めおり候事に御座候。失敬ながら、尊藩も弊藩も滅亡しても、大義なれば苦しからず。

久坂玄瑞と高杉晋作は吉田松陰の弟子で、〝松下村塾の双璧〟と称された。師の松陰は弟子たちを育てるのに、「士規七則」というものをつくり、実行させるようにした。その一つにこうあった。「士の道は義の道より大なるはなし。義は勇に因りて行われ、勇は義によりて長ず」と。意味をとると、「士たる者が最も重んじなければならないのは、義すなわち正しい道の実践である。義を行うには勇気が必要で、行うべき義をしっかり持てば、さらに勇気も湧いてくる」という行動哲学の教育であった。このように育てられた二人は、師の松陰が安政の大獄で刑死した後、その思想と志を継ぎ、村塾生の中心となって活動した。

この二人はまた、師の後を追い急ぐかのように、明治維新の成就を見ることなく、志半ばで若く短い生涯を終えた。

その死を先に迎えたのは、玄瑞であった。

玄瑞は天保十一年、長州藩の藩医の家に生まれ、松陰の弟子になったのが十七歳の時であり、松陰が刑死したのは彼が二十歳の時であった。ここから、彼の精力的な活動が始まるが、元治元年（一八六四）に起こった禁門の変で戦死した。その時、二十五歳であったから、彼の活動期間はわずか五年にすぎなかった。

しかし、玄瑞はその短期間にその若さで、藩論も左右するほどの働きをみせた。

玄瑞は、松陰が強く叫んだ「西洋に対抗できる統一国家の実現」を自らの志とした。表記の言葉は、それを端的にあらわしている。

これは文久二年（一八六二）、土佐勤王党主・武市《たけち》瑞山の使者として坂本龍馬が同盟を申し込みに来た時の返事の一部である。

ここにいう〝大義〟とは、統一国家の日本をつくろうとする志である。その志に照らしてみて、武市瑞山の思考は帰属する藩にこだわりすぎている。そう見抜いた彼は、この同盟に賛同できない旨を申し述べたのだった。

玄瑞は、幕府の政治もその志に基づいて注視するのであるが、日本よりも徳川一家の〝私〟を優先させる幕府なら、志を同じくする者が一致結束して〝義挙〟、すなわち倒幕すべきであるとして、その運動に飛び込んだ。

玄瑞はまた、開国論者であったが、それはあくまで自主的に、かつ西洋と対等にという考えである。したがって、幕府がハリスと結んだ日米修好通商条約も、圧力に負けた屈辱的なものとして認めようとしなかった。

しかも、幕府は横浜で始まった居留地貿易をも私的に有利にしようとたくらみ、「五品江戸回令」というものを出した。これは、雑穀、水油、蠟、呉服、生糸の五品は必ず江戸の問屋経由で売ることを強制した布令で、諸藩が自主的直接的に交易して富むことを妨げようとし、その一方では、江戸の問屋に独占権を与えるかわり、運上金をとって幕府の利益にしようとするものであった。これまた、日本を一家とみた政治ではない。

このような幕府は倒さなければならない、とますます信念を固めた玄瑞は、文久二年（一八六二）には藩主の毛利敬親《たかちか》に「廻瀾条議」という建白書も提出した。

彼は、その中で「幕府のとった怯懦《きょうだ》な開国では、いつか日本もルソンや清国のように植民地化される。それを防ぐためには強力な統一国家をつくらねばならないし、それを邪魔するものに対しては、それがたとえ幕府権力であろうと、外国勢力であろうと、戦わねばならない。そして、こちらから外国と自由に往来するという気力を起こすべきである」と言っている。

さらに彼は、この積極的開国の具体策として、朝鮮、ルソン、広東、ジャワ、インドはもとより、アメリカ、ヨーロッパにも公館を設置して駐在員を置き、常に万国の情報を収集しながら政治交流や通商活動をすれば、日本人の意気はあがり国威も奮うと主張した。

玄瑞はまた、全国諸有志に向けても、これと同様の檄文を飛ばした。同志の士気が盛り上がったのは、もちろんのことである。

このようにターゲットを明確にして活動方針を示し、それが共鳴を生むと、かならずそこには活力がでてくる。政治であれ経済であれ、組織運営にはそのようなターゲット設定が欠かせないことを、玄瑞は教えてくれているようである。

参考文献
『久坂玄瑞遺文集』妻木忠太（泰山房）　『高杉晋作と久坂玄瑞』池田諭（大和書房）　『明治維新の青年像』中村武彦（今日の問題社）

いち早く〝大政奉還〟を主張した幕臣

大久保一翁

【おおくぼ　いちおう】
（文化十四年～明治二十一年　一八一七～一八八八）

語録

幕府にて掌握する天下の政治を、朝廷に返還し奉りて、徳川家は諸侯の列に加わり、駿遠三の旧地を領し、居城を駿府に占め候儀、上策なり。

大久保一翁（忠寛《ただひろ》）は、勝海舟とともに、幕府の終焉に大きな役割を果たした。またさかのぼると、幕臣としては最下級の小普請組だった海舟を見出し、活躍の場を与えたのは、実に一翁であった。その二人が最後は共に老中に相当する総裁となったのであるが、二人がもっとも苦慮したのは、日本の植民地化を防ぐことだった。

国内が幕府側と朝廷側に割れて内戦になれば、幕府側にはフランス、朝廷側にはイギリスが加担して、泥沼の様相になることは必至。その結果は両方とも疲弊しきり、アジア各国がたどったように植民地化を余儀なくされる……。一翁と海舟はそう洞察していたので、江戸城を無血開城して、平和裡に幕藩体制の幕を引こうとしたのだった。そのためには、幕臣の主戦派を説得しなければならないし、一方では、討伐軍を差し向けた朝廷側にも停戦を迫らなければならなかった。

この段階で、海舟が討伐軍総参謀の西郷隆盛と談判して、江戸総攻撃を中止させたのはよく知られている。しかし、謹厳剛直な一翁が混乱の城内を見事に鎮めるという、二人の協力があってこそ、明治元年（一八六八）四月十一日の無血開城は実現したのだった。そのことを松平春嶽は、のちに回想記の中で、「大久保の先見は驚くべく感ずべき事にして、幕末における徳川家第一の功臣は大久保一翁、勝海舟なり」と賛美している。

この一翁は海舟より六つ年上の文化十四年の生まれで、家は三河以来の譜代の旗本であった。彼は幼時から漢学を学び、さらには蘭学も学んだ。

ペリーが来航した時、一翁はすでに三十七歳であったが、抜擢されて目付に登用され、海防掛を命じられた。彼が海舟の提出した意見書に注目したのはその時であり、海舟は彼の推薦で役に就いたのだった。

このように外国を見るにも偏見をもたない一翁は、安政三年（一八五六）に幕府が外国研究の機関ともいうべき蕃書調所を設立すると、その総裁にあげられた。

この頃から、幕府にとっては外国との関係は、ますます重要な政治課題となってきた。一翁はそうしたなかで昇進を重ね、長崎奉行、京都町奉行、外国奉行などを歴任して、幕府の中枢部に入った。

しかし、そこで見たのは、幕府の政治能力の衰退ぶりであった。にもかかわらず、独裁にこだわるから、かえって政局の混乱をまねくのである。

日本という大きな立場から考えれば、もはや幕府の存続にこだわっている時勢ではない——こう感得した一翁が、ここで打ち出したのが、幕府の政治を朝廷に返上し、挙国政治へと転換することだった。つまり〝大政奉還〟の主張である。

この大政奉還は、慶応三年（一八六七）に十五代将軍徳川慶喜《よしのぶ》によって実現するが、一翁が主張したのはそれより五年前の文久二年（一八六二）である。この時点では、幕府の終焉など幕府首脳の誰一人として思ってもみないことだった。そうしたなかでの主張であるから、まさに命がけである。

彼は政治総裁職に就任した松平春嶽をはじめ幕閣を前にして、「これからの日本は天皇のもとに挙国一致で〝大開国〟しなければならない。大政奉還はそのためになすべき方途である」との考えを述べ、表記のように堂々と言ってのけた。

これは幕府も諸侯の一つになり、朝廷を中心にした新しい国家体制をつくろうとの意見である。したがって、彼は奉還後の政治体制についても、具体的な提案を行っている。大公議会、小公議会を設置して、諸侯や一般からの人材登用によって運営するというのである。現在の議会政治のはしりといってもいいだろう。

これがいれられていたら、のちに戊辰戦争など起こることなく、政権交代が進んだにちがいない。しかし、すぐれた先見力というものは、とかく理解されにくいものである。一翁のこの発言も同意を得ないのみか、彼は間もなく左遷という憂き目にあうのだった。

それでも彼は大小公議会の主張をやめず、さらには長州征伐の不可を説くなどして、ひるまなかった。

それがやはり非常事態となると、一翁の力量に頼らざるを得ず、鳥羽・伏見の戦いののち、彼は懇請されて総裁職に就き、海舟と協力して幕府最後の大幕引きをやってのけたのだった。

参考文献
『大久保一翁』松岡英夫（中公新書）　『幕末閣僚伝』徳永真一郎（毎日新聞社）　『幕末三俊』川崎三郎（春陽堂）

身分にこだわらない奇兵隊を創設して幕府と対決

高杉晋作

【たかすぎ　しんさく】

（天保十年〜慶応三年　一八三九〜一八六七）

上海で見た屈辱的な半植民地の状景に憂憤

語録

我が神州にも早く謀を為さずんば、遂に支那（中国）の覆轍《ふくてつ》を踏むも計り難しと思うことあり。

高杉晋作は、松下村塾で吉田松陰の薫陶を受け、久坂玄瑞《くさかげんずい》とともに〝松下村塾の双璧〟と称された。幕末における歴史的な業績としては、身分にこだわらない奇兵隊を創設し、幕府が起こした長州征伐では徹底抗戦して勝利に導いたことがあげられる。

その晋作は天保十年に、長州藩の上士の家に生まれた。成長すると、藩校明倫館に入舎生を命じられて学ぶが、型にはまった教育にあきたらなかった。そんな晋作が吉田松陰の評判を聞き、松下村塾に入門した。明倫館で満たされないものを求めていた彼は、松陰に接するや、たちまち心酔した。

松陰も、まだ粗削りだが逸材になる可能性を秘めた晋作の素質を見抜き、「玄瑞の才、晋作の識」と言って、二人を切磋琢磨させるようにして育てた。その期待にたがわず、彼は大きく成長した。松陰はその成長ぶりを喜び、「十年後、事をなす時は、必ず晋作に謀る。晋作はそれだけの人材である」、とまで言ったという。

晋作は、最後の最後まで師に教えを請おうとして、安政の大獄で入牢している松陰に、「男子たる者、どう生き、どう死ぬべきか」と、書簡で死生観を問うた。返事はこうだった。

「世の中には、体は生きているが、心は死んでいる者がいる。心が立派に生きていたら、死んでも決して、そのまま終わるはずはない。であるから、一つのことをなそうとする志が、死んでも不朽だと信じれば、いつでも死ねばよい。生きて志どおりに大業がなしとげられると信じれば、生きてそれをやればよい。この信念があれば、生死は度外視できる」

このように松陰から教えを受けた晋作は、松陰の刑死後は玄瑞とともに村塾生をまとめて、変革活動に邁進する。また、上士出の晋作は、藩庁の中枢部でも発言力をもつようになった。

その晋作の行動の一つに、外国行きを目論んだことがある。師の松陰が外国を知ろうとしたことを、自分も実践しようとしたのである。「おれは先生の遺志をついで軍艦に乗り組み、五大州に乗り出して行く」と広言し、藩内にできた軍艦教授所に入った。だが、船にひどく酔うたちとわかり、長つづきしなかった。とはいえ、外国を知らねばならないとの思いまで捨てたわけではない。その機会は意外に早くめぐってきた。文久二年（一八六二）早々に、中国（当時は清王朝）の上海行きが実現したのである。

その前年、幕府はイギリスから三五八トンの機帆船を購入した。これを千歳丸と命名し、貿易調査を名目に上海までの航海を試みることになった。その乗船者を各藩にも許し、長州藩は晋作を選抜したのだった。

晋作は好奇心に胸を躍らせながら、初めて見る異国の上海に着いた。そこは、長い歴史をもつ大国の中国……のはずであった。しかし、思い描いた中国はそこにはなく、西洋列強に圧迫されて半植民地化された実態を目の当たりにするだけだった。彼は日誌の中にこう書いた。「実に上海の地は支那（中国）に属すといえども、英仏の属地というも可なり」。

たしかに港はにぎわいをみせているが、大型の船という船はみなイギリスやフランスの商船や軍艦であり、付近に立ち並ぶ商館もまたそうであった。

市街地に出てみても、わがもの顔でのし歩いているのは青い目の異人たちであり、中国の人々は彼らを避けるような卑屈な態度であった。イギリス人が造ったという公園には、なんと「犬と中国人は入るべからず」との立札があるではないか。こんな屈辱を味わわされても、中国人は平気なのだろうか。

このように植民地といってもいい状態になっている中国の現状を見て、晋作は危機感をつのらせ、同時に幕府の態度をそれに重ね合わせた。徳川幕府の対外政策も、中国政府の卑屈で無気力な対外姿勢と同じではないか。このまま幕府に政権をまかせてはおけない……。

ここで晋作は、〝討幕〟の思いを新たにし、日誌に表記のように書いた。そしてそれが、のちの奇兵隊の創設や幕府の長州征伐に対する徹底抗戦となって実践されたのだった。

封建社会のしがらみを否定した奇兵隊

語録

奇兵隊の儀は、有志の者相集まり候儀につき、陪臣、軽卒、藩士を選ばず、同様に相交わり、専ら力量を貴び、堅固の隊相調え申すべくと存じ奉り候。

さて、晋作が創設した奇兵隊であるが、そこにいたる経緯として、安政の大獄以後の政局の激変があった。つまり、尊王攘夷勢力を圧殺しようとした大獄だったのに、かえって反幕勢力をあおる結果となった。幕府はこれを切り抜けるのに、将軍家茂《いえもち》への皇女和宮の降嫁を実現して、公武合体を天下に示そうとした。この時、孝明天皇は、「将軍が上洛して、攘夷を誓う」というのを、一つの条件として降嫁を勅許した。その約束に従って、文久三年（一八六三）三月、家茂は上洛した。

これ以後、政局は京都中心になり、朝廷が政治の前面に出てきた。そして将軍は大勢に押され、通商条約を反古にして攘夷を決行するという、いわゆる破約攘夷を誓い、その決行日を五月十日と奏上した。だが、攘夷の意志のないのが本音の幕府は、諸藩へは「彼より襲来したならば、これを打ち攘うべし」との条件をつけ、決して先制攻撃をしないよう布告した。ところが、それにおかまいなく、真っ先に攘夷をやってのけたのが長州藩だった。下関海峡を通りかかったアメリカやフランス、オランダの商船や軍艦に大砲を打ち込んだ。不意に襲われて大破し逃げていく異国船を前にして、藩士たちは攘夷決行の凱歌に酔った。

それから一カ月後、アメリカとフランスは報復戦を仕掛けてきた。優秀な砲火を浴びせかけ、旧式の大砲を並べた長州側の砲台はたちまち破壊された。ときを移さず陸戦隊が上陸してくると、長州藩士は算を乱して潰走した。この戦いで長州側は七百人もの戦死者を出した。

みじめな敗北を立て直すため、藩主の毛利敬親《たかちか》は晋作を呼び出して、対策を考えるよう命じた。若いが能力も決断力もある晋作に、それほどの期待をかけたのである。

太平になれた無気力な世禄の武士を見限っていた晋作は、ここでただちに奇兵隊の創設を進言した。それは藩の〝正兵〟ではないという意味での〝奇兵〟であって、彼の発意は封建的身分制をかなぐりすてたところにあった。表記の言葉はそれを端的にいっており、藩主もこれを了承した。そして募集を始めると、農民、町民、小役人、はては正規軍を脱隊してくる者など、志願者は陸続と集まった。

晋作は、「その兵を馭《ぎょ》するや、賞罰を厳明にせば、たとえ凶険無頼の徒といえども、これが用をなさざるということなし」として、やくざの入隊も拒まなかった。彼にとっては、一人ひとりのこれまでの行状がどうであれ、民衆のもつ反封建的エネルギーを強大な一つのパワーに転換し、外圧の迫る民族的危機を乗り切る――そうした期待をかけたのだった。これはまた、師の松陰が唱えた草莽崛起《そうもうくっき》の実現でもあった。

これ以後、奇兵隊は、幕府の長州征伐に対する徹底抗戦や鳥羽・伏見の戦いにはじまる戊《ぼ》辰《しん》戦争における各地転戦などで、めざましい活躍をした。

ところで、晋作はたいへん面長の顔をしていた。その晋作が馬に乗っているところを隊士たちがはやしたてた戯歌《ざれうた》が残っている。

〝こりゃどうじゃ　世は逆さまになりにけり　乗った人より馬が丸顔〟

馬が丸顔に見えるほど晋作の顔は長かったというのである。

ところで、明治維新による変革の一つに、「四民平等と職業選択の自由」がある。身分的な差別なく、好きな仕事について能力を発揮する。こうあってこそ、真に人間らしい生き方ができるというものだが、晋作はそれを先取りして奇兵隊をつくったともいえようか。

藩論を徹底抗戦にまとめて幕府軍と決戦

語録 面白き事もなき世をおもしろく
住みなすものはこころなりけり

晋作が奇兵隊をつくった文久三年（一八六三）の八月に、公武合体派による尊王攘夷派追い落としのクーデタが起こった。いわゆる八・一八の政変であり、長州藩は京都を追われた。翌元治元年（一八六四）長州藩は藩兵を組織して上洛し、武威にかけても失地を回復しようとした。ところが、皇居を守衛する会津・薩摩の軍と交戦になった。これを禁門の変といい、長州藩は禁裏に弓を引いたとして朝敵になってしまった。

幕府はここぞとばかりに、長州征伐を諸藩に命令した。

危急存亡の淵に立たされて、長州の藩論は主戦を主張する正義派と恭順を表明する俗論派の真っ二つに割れ、深刻な抗争となった。ついには俗論派が藩政の主導権を取り、出兵を容認かつ指揮した三家老の切腹、四参謀の斬刑を執行して首級を差し出し、絶対の恭順謹慎を誓った。これによって、幕府軍は征伐を中止した。

こうなると、主戦派の最右翼だった晋作は身の置き所がなくなった。俗論派の刺客に生命もねらわれて、彼は藩外に亡命し、勤王の女流歌人・野村望東尼《もとに》の平尾山荘にかくまわれた。俗論派で固められた藩庁はさらに、いつ爆発するかわからない火薬玉のような奇兵隊にも解散を命令した。

幕府の長州征伐を、反対に討幕の好機と考えていた晋作は、ここで一大決心をした。つぶされる前に奇兵隊を率いて武装蜂起し、一挙に藩論をくつがえそうというのである。

晋作は望東尼に別れを告げ、危険を顧みず下関にとって返し、奇兵隊の幹部に挙兵を説いた。だが、みな自重をうながすばかりであった。その中で、伊藤博文だけが隊士とともに立つことを誓った。武装蜂起の総勢はわずか八十名ばかりである。晋作はそれだけの隊士を引き連れて、元治元年（一八六四）の暮れもおしせまった十二月十五日の夜半、長府の功山寺へ行進した。そこには、八・一八の政変で都落ちをした尊攘派公卿の三条実美《さねとみ》らが仮寓していた。晋作は彼ら公卿に面会すると、「これから長州男児の肝っ玉をおめにかけます」と馬上で大音声に叫び、挙兵の宣言をした。

晋作は下関を拠点にして活動を開始し、これが一大転機となって兵力はどんどんふくれ上がっていった。そして、俗論政府を倒し、藩論を討幕一色に統一した。挙兵から約三カ月で、この成果をおさめたのだった。いったん解兵していた幕府は、その二カ月後の慶応元年（一八六五）五月に勅許を仰いで第二次長州征伐を決め、諸藩に出兵を命じた。しかし、諸藩に戦意はなく、戦端が開かれるのは、遅れに遅れて翌二年の六月だった。

長州側はこれに対して、山陽方面の芸州口、瀬戸内海方面の大島口、山陰方面の石州口、関門方面の小倉口、この四つの国境で幕府軍を迎え撃った。それゆえ、この戦闘を四境の戦いと呼んだ。

戦局は、長州側の優位に展開した。晋作は主に関門方面で作戦の指揮を執り、幕府老中が駐屯する小倉城も攻撃するなど、縦横の活躍を見せた。また、幕府側の松山藩兵に占領されていた大島郡を藩の軍艦で奇襲し、奪還に成功するなどした。

ついには、幕府から講和のために勝海舟が派遣され、九月に戦いはやんだ。

だが、晋作はこの戦いのさなかに喀血して倒れた。無理を押して陣頭指揮を執ったたため、肺結核の症状が急速に悪化したのだった。

晋作は動けなくなったが、もう一つ果たさなければならない事があった。自分を母親のような温かさでかくまってくれた野村望東尼の救出である。望東尼は黒田藩から嫌疑をかけられて、そのとき玄界灘の姫島に配流になっていた。晋作は自分の代わりに奇兵隊士六人を選んで舟を出し、夜陰にまぎれて彼女を救い出し、下関に迎えた。

晋作の病状は重くなるばかりで、翌三年の四月十四日、二十九歳を一期に不帰の客となった。その日、見舞いに駆けつけた望東尼に、晋作は紙と筆を所望し、「面白き事もなき世をおもしろく」とまで書いたが、力尽きて筆を落としてしまった。それを拾いあげた望東尼は即座に、「住みなすものは　こころなりけり」と書き加えた。

すると、晋作は「面白いのう」と一言つぶやいて、息を引き取ったという。

この辞世の句は、人生は積極的に生きてこそ充実する、との教訓にもなっているように思われる。

参考文献
『高杉晋作』奈良本辰也（中公新書）　『天翔ける若鷲・高杉晋作』（ＰＨＰ文庫）　『東行先生遺文』東行先生五十年祭記念会

密航留学生に選ばれて西欧の脅威を痛感

伊藤博文

【いとう　ひろぶみ】
（天保十二年～明治四十二年　一八四一～一九〇九）

語録

今より思えば危うかりき。若しあの時先方があくまでこれを要求せしならんには、強弱勝敗の形勢上、我は如何ともする能わざりしからん。この島（彦島）は今の香港、九竜島《くずりゅうとう》にも等しき運命に陥りしやも知るべからず。想うてここに至れば、実に慄然《りつぜん》たる感あり。

長州藩は文久三年（一八六三）、幕府の目をかすめて若い藩士五名の密航留学生を欧州に送り出した。

長州藩は当時、攘夷を唱えるもっとも急先鋒の藩であった。しかしそれは、外圧に屈して弱腰の開国策をとる幕府を、徹底的に追い詰める手段、つまり倒幕の藩論であった。そして、幕府が倒れた後には、積極的な開国政策をとる政府樹立が必須であることを藩首脳はひそかに認識していた。

そのためには、開国政策を推進できる人材が必要になる。そこでその育成に五人の若い藩士を、幕府の目をかすめた密航留学生として英国に送り出した。井上馨《かおる》（聞多）、遠藤謹助、野村弥吉（井上勝）、山尾庸三、伊藤博文（俊輔）である。彼らは明治になってそれぞれ、近代化の仕事に有為の役割を果たした。

このうちの伊藤博文は吉田松陰の弟子で、世俗的にいうならもっとも立身栄達した人物である。明治十八年（一八八五）内閣制度ができると初代総理大臣になり、以後四回も首相の座に就いた。

博文は足軽の子として生まれ、安政三年（一八五六）十五歳の時、松陰の親友である来原良蔵の配下になり、頭脳のよさを認められ、勧められて松下村塾に入った。松陰も利発な博文に注目し、「この子はなかなかの周旋家になるだろう」と言った。周旋、つまり外交の能力があるとみたのである。松陰が人の才能を見抜く能力はまことにたしかで、博文は明治新政府が発足すると、外国事務掛として入り、腕を振るい始めている。

その師松陰の死去後には、高杉晋作や久坂玄瑞《くさかげんずい》らとともに活動して、博文はだんだん知られる存在となった。そして、密航留学生にも選ばれたのだった。

博文はこの留学の途中、寄港する国々のほとんどがイギリスやフランスの植民地になっているのを目の当たりにして、〝西力東漸〟の脅威を覚えた。さらに、ロンドンの繁栄ぶりに接して、息をのむ思いであった。

そのロンドンで学びはじめて半年後だった。「英、仏、米、蘭の四国連合艦隊が、攘夷決行で敗北した後もなお下関海峡を通航する外国船を妨害する長州藩に対して、報復戦を敢行することを計画している」と新聞が報じているのを知った。五人の留学生は急遽相談し、博文と馨がただちに帰国して、報復戦回避の活動をすることになった。

二人は元治元年（一八六四）六月、横浜に帰着し、各国領事館に働きかけた。しかし成果は得られず、八月には下関の砲台陣が四国連合艦隊に砲撃され、長州藩は再び敗北した。

その和睦使者になったのが、奇兵隊を創設した高杉晋作であった。二十六歳の晋作がにわか家老に仕立てられ、宍戸《ししど》刑馬と名乗り、直垂《ひたたれ》、烏帽子《えぼし》の仰々しいいでたちで、下関沖の英国軍艦に乗り込んだ。少し英語のできる博文はその従者となった。

連合艦隊側は和睦条件の一つとして、莫大な賠償金を要求した。晋作がそれを断ると、「それでは、下関の彦島を租借地にしよう」と、詰め寄ってきた。

まさにこれこそ、西洋列強が、東洋諸国に租借地をつくったり、植民地化を図ったりする時に用いる常套手段である。

そのとたんだった。晋作は、「そもそも我が豊葦原瑞穂の国は、神の国である。初めて天地が開けた時、高天が原にはイザナギ、イザナミ二柱の神様がいて、この国をつくったのである」と『古事記』の神話を述べはじめ、「俊輔、翻訳せい」と叫ぶように言った。

と言われても、わずか半年のロンドン暮らしの博文に、そんな難しい文言が英訳できるわけがない。晋作はそれにはかまわず、滔々《とうとう》と言いつづける。ついに、相手の代表たちは辟易して、この要求を取り下げた。

その後、明治の顕官となった博文が、船で下関海峡を通過した時、往時を回顧してしみじみと言ったのが表記の言葉である。『伊藤博文伝』に出ている。これは、西欧の脅威を知る晋作や博文の働きで、日本の植民地化を防いだ貴重な一こまといえる。

参考文献
『伊藤公全集』（昭和出版会）　『伊藤博文伝』春畝公追頌会（統正社）　『明治を作った男』鳥海靖（ＰＨＰ研究所）

勤王の志士に母と慕われた女流歌人

野村望東尼

【のむら　もとに】

（文化三年〜慶応三年　一八〇六〜一八六七）

語録

まごころを筑紫のきぬは国のため
たちかえるべき衣手にせよ

野村望東尼は、勤王の志士たちから母のように慕われた女流歌人である。そして、先にあげた高杉晋作の最期を看取ったことでもよく知られている。

本名はモトといい、文化三年、福岡黒田藩の目付役を勤める藩士の家に生まれた。父も母も教養が高く、彼女も幼い頃から文学に親しんだ。

モトは十七歳でいったん結婚したが、一年たらずで不縁となった。彼女はその傷ついた心の慰めを和歌に求め、歌人として知られた二川相近《すけちか》に師事した。

師の相近はまた、国学を修めていて、尊王の心が篤《あつ》かった。その影響を受けて、モトも尊王心を養った。そうして二十四歳の時、同じく二川門下の黒田藩士・野村貞貫《さだつら》と再婚した。和歌と国学という絆で結ばれた貞貫とモトはむつまじく暮らし、弘化元年（一八四四）には福岡城南郊の平尾山麓にささやかな山荘を営んだ。家督を長男に譲った二人は、ここで風流三昧の日々を送るはずだった。しかし、やがて時代の動きが激しくなり、それはかなわなくなった。

ペリーの黒船来航に始まって国際関係があわただしくなった。さらに国内的には将軍継嗣問題で政局が紛糾した。そのようななかで、平尾山荘にはいつしか国を憂うる者たちが集まってきて、時事を論じるようになった。そして、安政五年（一八五八）には井伊大老が、反幕の活動家を弾圧する安政の大獄を起こした。その最中に、夫の貞貫が病死し、モトは五十四歳で未亡人になった。

モトはここで髪をおろして尼となり、〝望東尼〟を名のった。望東の字には、東（京都）におわす天皇をはるかに望む、という気持ちがこめられている。すなわち尊王心である。その心の実践として、彼女は幕吏に追われる勤王の志士をかくまうなど、ますます献身的にふるまうようになった。

安政の大獄では、黒田藩を脱藩して反幕活動をする平野国臣《くにおみ》や京都を逃れてきた勤王僧の月照をかくまった。この二人はそれぞれ非業の死を遂げる。月照はこのあと薩摩に入るが、藩に拒否され鹿児島沖で入水して果てた。国臣は元治元年（一八六四）新撰組に捕えられ獄中で殺された。

望東尼がこのようなふるまいをするなかで、とりわけよく知られるのが、高杉晋作にそそいだ母のような情愛だった。

元治元年（一八六四）、幕府の長州征伐を前にして、長州藩の藩論は、幕府に無条件で恭順降伏しようとする俗論派が大勢を占めた。これに対して、晋作は徹底抗戦を主張して、俗論派から生命を狙われた。彼は藩を脱出して、望東尼の平尾山荘に潜伏した。

望東尼は晋作を温かく迎え、なにくれとなく世話をした。晋作はここから同志と連絡を取り合い、その年の暮れには、俗論派を排撃して藩論を幕府との決戦に統一することを決心した。

望東尼は決死の覚悟を決めたこの若い志士のため、真心こめた衣服を新調し、表記の歌を贈った。この戦仕立ての服を着て国のために尽くしなさい……。望東尼の温情に、晋作は涙を流して感謝した。

幸いにも晋作の一挙は成功して藩論を討幕に統一し、やがて幕府が起こした長州征伐の軍勢を迎え撃つのだった。望東尼はその知らせに接すると、喜びを歌に託してこう詠んだ。

　谷深くふふみし梅の咲き出づる
　　風のたよりもかぐわしきかな

当時、高杉晋作は、幕府の嫌疑をそらすため、藩主から谷梅之助の変名を頂戴していた。望東尼はその変名にちなんで、「谷深くひそんでいた梅が、ようやく咲きはじめた」つまり晋作が活躍を始めたことを詠ったのだった。

しかし、その一方で望東尼には苦難が見舞った。黒田藩は幕府をおそれて勤王派を弾圧し、慶応元年（一八六五）彼女も捕えられ、玄界灘の姫島に配流となった。それを今度は晋作が救い出し、長州へ迎える。そのことは前々項の高杉晋作で記述したとおりである。

ところで、望東尼は晋作の臨終を見届けた同じ年の秋頃から急に病気がちになり、十一月に帰らぬ人となった。六十二歳の一生であった。

参考文献
『野村望東尼』伊藤尾四郎（私家版）　『女たちの明治維新』小松浅乃（文園社）

海国日本の将来を見据えて海軍操練所を創設

勝 海 舟

【かつ　かいしゅう】
（文政六年～明治三十二年　一八二三～一八九九）

堂々と開国の具体策を上申

語録

人物になるとならないのとは、畢竟自己の修養如何にあるのだ。決して他人の世話によるものではない。

勝海舟は幕臣ではあるが、階層としては一番下の小普請組であった。それが昇りつめて最後には幕府の枢機に参与する総裁となり、江戸城無血開城という幕府終焉の大仕事をやってのけた。明治になってからは、いったん新政府に出仕するが、ほとんど悠悠自適に過ごし、明治三十二年（一八九九）、七十七歳で一生を終えた。その晩年に、彼は『氷川《ひかわ》清話』『海舟座談』『海舟語録』など懐古談や処世訓のような言行録を残した。

表記の言葉は『氷川清話』の中にあるが、彼自身の体験がにじみでた発言である。

海舟は文政六年に生まれたが、四十俵取りにすぎない勝家は貧乏のドン底にあった。彼は幼いながら、この境遇から抜け出すには、人より秀でたものを身につけて認められるほかはないと考えた。つまり〝専門家〟になるのが世に出る方法と考えたわけで、はじめは剣術の修業に励んだ。

それが、十六歳で方向転換して、蘭学の修業にうち込むようになった。その動機は、彼が何かの用向きで千代田城に登った時にあった。大手門を入って坂を登って行く途中で、オランダから献納された大砲が目にとまった。近寄って見ると、なにやら文字らしきものが彫られているが、まったく読めない。このオランダ語という横文字は、蟹《かに》の横這いのように横書きなので、当時は〝蟹行文字《かいこうもんじ》〟とも呼ばれていた。海舟はそれを初めて見て、読めないのが癪であると同時に、西洋という未知の世界への探究心をかきたてられた。つまり、知的好奇心が動機であった。

海舟は主として西洋兵学に取り組み、用兵術、火器の製造法、軍艦の製造法、航海術、海軍戦術などを学びとった。この過程で、佐久間象山にも師事した。彼はいつしか新進の西洋兵学者といわれる専門家となり、嘉永三年（一八五〇）からは赤坂氷川町の自宅で塾を開くまでになった。

海舟はまた、蘭学を通して世界の動きを知り、これに対して日本はどうあるべきかを考える政治的姿勢も持つようになっていた。

ペリーの黒船が来航したのはその三年後であったが、幕府首脳部はただただあわてるのみでなす術《すべ》をしらず、思いあまって諸大名や幕臣に、どう対応するかの意見を出すようにと布令した。

この諮問に対して、海舟は海防意見書を上申した。彼は自分のもつ専門知識を駆使して、「西洋に対抗するには、日本も軍艦を持ち、かつ海運を盛んにしなければならない」との主張のもとに、能力本位の人材登用、外国との交易開始、兵制の西洋式編成、士官養成の兵学校開設、武器製造の体制などを、方法論にいたるまで盛り込んで陳述した。

多くの意見書が単なる精神論を言いたてるだけだったのに対して、海舟のものは実のある具体策の展開だった。これが評価され、無役だった彼は三十三歳で初めて、微禄ではあったが蘭書翻訳掛に召しかかえられた。つづいてすぐ長崎海軍伝習所に入所を命じられ、ここで学んで、押しも押されもせぬ海軍の技術専門家になる。

その技術が買われて万延元年（一八六〇）には、あの有名な咸臨丸の太平洋横断を、艦長として成功させた。

人物本位、能力本位のアメリカを観察して

語録

アメリカでは、政府でも民間でも、おおよそ人の上に立つものは、皆その地位相応に利口でございます。この点ばかりは、全くわが国と反対のようにおもいます。

さて、咸臨丸の太平洋横断であるが、これは安政五年（一八五八）に幕府がハリスとの間で結んだ日米修好通商条約の批准をアメリカのワシントンで行うことにしたことから起こったのだった。

この条約が締結されると、批准をアメリカで行おうと提案したのは、ハリスとの交渉に当たった岩瀬忠震《ただなり》であった。彼はこの批准使節に随行して、実地に欧米の一端を知ろうとしたのであった。だが、まもなく起こった安政の大獄で、大老井伊の譴責を受けて役職を取り上げられ、謹慎の身となった。そのため、思いはかなわなかった。

その使節団がアメリカの軍艦に乗って出発したのは、万延元年（一八六〇）一月であった。この時、日本人による操船で随行艦として派遣されたのが、咸臨丸であった。

安政二年（一八五五）から始まった長崎海軍伝習所で習得した航海技術を試そうというわ

けである。選ばれた咸臨丸は二年前オランダから購入した、幅七メートル、長さ四七メートル、排水量はわずか六二五トン、一〇〇馬力の蒸気機関を備えた三本マストの木造帆船であった。これで太平洋の荒波を渡ろうというのであるから、壮挙とも無謀ともいえる航海であった。この咸臨丸の艦長に選ばれたのは、伝習所で優秀な成績を修めた勝海舟であった。提督は木村摂津守喜毅《よしたけ》であったが、海舟は実際に運行する責任者として指揮を執ったのだった。途中嵐に遭ったりして危険な状態にもなったが、咸臨丸は四三日かけて太平洋を渡りきり、二月二十六日にサンフランシスコに着いた。鎖国以来、外国に出た最初の船だった。

海舟はこれによって、アメリカを実地に見た。その滞在日数は二カ月たらず、場所はサンフランシスコ限定であるから、それは文字どおり垣間見たにすぎなかったが、彼は西洋を見る目を養っていただけに、掴むべきものは掴みとって帰国した。

海舟がなにより目を見張ったのは、社会制度のちがいだった。アメリカには士農工商の身分制がなく、官職や公職にある者もいったん離れると、商人になったり、農業に従事したりする。世襲というものはなく、すべてが人物本位、能力本位である。これに対して日本は武士が支配階級で、しかもその地位を能力のあるなしにかかわらず世襲する。

このような観察をして帰国した海舟を、老中たちが呼び出した。異国の土産話を聞こうというわけである。そのやりとりを、海舟は『清譚と逸話』という記録本に書き残している。表記の言葉はその中にでてくる。老中たちから「アメリカではさぞ珍しいこともあったであろう。感じ視たことを話せ」と言われて、海舟もはじめは遠慮していたが、そのうち、皮肉まじりに思いきって言ったのが表記の言葉だった。やんわりと冗談めかした言い方ではあるが、身分制や地位の世襲制の弊害を見事に突いている。老中たちは痛いところを言い当てられ、目を丸くして、「この無礼者、控えおろう」と叱った、と海舟は書いている。

この咸臨丸での太平洋横断中の三月三日、桜田門外の変が起きて、大老井伊直弼が水戸浪士団に暗殺されていた。そして、この頃から政局の動きはいっそう激しくなった。

日本のために一大共有の海局をつくる

語録

交易和親をなすは、他邦を貴び、自国をおとしめむがためにあらず。上、国威をおとさず、下、万民の無辜《むこ》にして測らざる戦苦をまぬがれしめむとなり。

政局が激しくなり、幕府はその対応に追いまくられるという状態になった。

そうしたなかで、海舟は講武所師範役、軍艦奉行並と、トントン拍子に出世の階段を昇りはじめた。それにつれて、発言力も増してきた。しかし、海舟はすでに日本という大きな立場でものごとを考え行動するようになっていたので、幕府の立場だけにこだわる守旧派の幕閣からは、ときには危険人物視さえされた。

その一つが、神戸海軍操練所の創設だった。海舟は文久三年（一八六三）五月、上洛した将軍家茂《いえもち》を幕府軍艦に乗せて大坂湾を巡航し、海軍操練所の建設を直訴した。その時、彼はこう進言した。「幕府のためだけではなく、日本のために一大共有の海局をつくる必要があるのです」と。つまり海舟の意識では、単に海軍だけではなく、積極的に貿易をするために海運業も盛んにしようというのである。その重要性を彼は、アメリカから帰った年の暮れに書いた『まがきの茨の記』の中で、表記のように言っている。

すなわち、平和裡に交易をすれば、戦争などは起こらないのだ、との信念吐露である。その交易を盛んにするためにも航海技術を教えようというのである。そしてもう一つ彼が大きな意図としたのは、ここで学ぶ者に挙国一致の理念を植えつけようとしたことだった。

したがって、翌年、神戸に海軍操練所を設立して塾生募集をする時には、「志のある者は誰でも、ここで修業できる」と宣言して、「御旗本・御家人の子弟はもちろん、四国でも中国でも九州でも諸藩の家来にいたるまで、有志の者はまかりいでて修業できる」との布告文を出し、全国から人材を集めようとした。

心ある若者が胸おどらすような施設ができたわけで、神戸海軍操練所には多くの塾生が集まった。その中には、坂本龍馬のような浪人も少なくなかった。彼らは熱心に訓練するかたわら、幕府批判も堂々とするなど、海舟の人柄を反映して開放的な活気がみなぎっていた。

ところがそのうち、「勝は操練所で反幕の不穏分子を養っている」と、幕閣は疑惑の目を向けた。なにごとも幕府中心の彼らにしてみれば、幕府の資金で運営されている所内で、討幕の議論を許すとはけしからぬ、と怒るのも無理はない。海舟は御役御免のうえ、役高二千石も召しあげられて閉門蟄居となった。そのうえ、神戸海軍操練所も閉鎖された。目先しか見えない狭量の処置というほかはなく、操練所はわずか半年の寿命だった。

非常に短い期間にすぎなかったが、海舟が「将来のためにに先手をつけておく」ためにつくった操練所は、まさに彼が意図したとおり、海舟の開明思想を継承して、改革活動に邁進する人材を養成した。彼のこの業績は高く評価されていいだろう。

参考文献
『海舟全集』海舟全集刊行会（改造社）　『氷川清話』勝部真長編（角川書店）　『勝海舟』松浦玲（中公新書）

池田屋騒動で斃れた討幕一筋の活動家

宮部鼎蔵

【みやべ　ていぞう】

（文政三年～元治元年　一八二〇～一八六四）

語録

人の盛衰は世のならい、ただただいかにうきめにあうとも、本心は失わぬようつとむるが人間の道なり、いちずに思いこみ申さるべく候。

文久から元治（一八六一～六四）にかけての数年は、公武合体論と尊王攘夷論が激しくぶつかり合って、さまざまな事件を引き起こした。対立する両派が互いに暗殺をくり返すという、血なまぐさい事件も多発した。そのなかで、もっともすさまじい事件は、元治元年（一八六四）の六月五日に起きた池田屋騒動といっていいだろう。

その日の夜、京都は祇園会の宵宮で、通りではにぎやかな囃子が響いていた。そのにぎわいにまぎれるかのように、三条小橋の旅籠池田屋の二階には、反幕活動の志士二十数人が集まり、密議をしていた。

この前年の八月十八日であるが、尊王攘夷派の公卿と長州藩が公武合体派の公卿と会津・薩摩両藩によって朝廷を追われるクーデタが起こった。これを八・一八の政変といい、尊攘派公卿の三条実美《さねとみ》ら七人が長州藩士らに守られながら長州へと都落ちした。

池田屋に集まった志士たちは、政変以来朝廷を牛耳っている公武合体派を追い払い、再び尊攘討幕の線にもっていこうとの鳩首協議をしていたのだった。ところが、同志の一人古高俊太郎が、幕府の京都守護職配下の新撰組につかまり、拷問を受けたことからこの会合が察知され、近藤勇が指揮する新撰組に襲われた。不意をつかれて、志士の大半は殺されるか、傷ついて自刃した。その自刃した一人が、密議の盟主的存在であった宮部鼎蔵だった。

鼎蔵は文政三年、肥後熊本の医者の家に生まれたが、山鹿流兵学師範として肥後熊本藩に仕える叔父・宮部増美の養子になった。鼎蔵は山鹿流兵学を学ぶと同時に、儒学や国学、さらには蘭学も学んだ。なかでも、行動の哲学と言われる陽明学に傾倒し、標榜する〝知行合一〟の思想を自らの規範として行動した。

嘉永三年（一八五〇）には、長崎に遊学する途中の吉田松陰が訪ねてきた。二人は共に山鹿流兵学師範であり、共に陽明学を信奉する学徒でもあって、以来、刎頸《ふんけい》の交わりを結んだ。また二人とも、異国船の近海出没に危機意識をもち、海防策を刻下の喫緊事と考えていた。

翌年、それぞれ藩命を受けて江戸に出府した二人は、東北地方の視察旅行を断行した。これは、北辺の防備体制を知ろうとした行動であった。二人は雪道を踏んで、津軽半島突端の竜飛岬まで行った。もっともロシアに近い地点である。ところが、幕府はここに何の策も講じていない。鼎蔵も松陰もこの現実から、幕府批判を強めるのだった。

鼎蔵は、松陰が安政の大獄で刑死した後も、松陰を通じて知り合った長州藩の志士たちと交わり、また肥後勤王党を結成して、反幕活動に挺身した。鼎蔵の主張は激化し、ついには攘夷討幕にいきついた。これは、幕府主体の公武合体を藩是とする肥後藩首脳部に受け入れられるはずがなかった。彼は脱藩し、京都の長州藩邸を拠点にして活動をつづけた。

そして、池田屋騒動の一年前であるが、鼎蔵は熊本に残してきた妻に手紙を出した。そこには、自分に対する毀誉褒貶が藩内では渦巻いているだろうが、決してまどわされてはならないと説き、つづけて表記のように、人たるもの信念を持ったなら、誰が何と言おうと一途に生きるべき大事さを述べていた。鼎蔵はその信念をつらぬき、襲いかかってきた近藤勇らと剣を交えて深傷を負い、自刃して果てた。享年四十五歳であった。

参考文献
『宮部鼎蔵先生殉難百年記念誌』荒木精之編（日本談義社）　『新撰組・池田屋事件顛末記』冨成博（新人物往来社）

第三期

討幕親政か幕権維持か

元治元年（一八六四）～明治元年（一八六八）

◉京都を追われた尊王攘夷派勢力

第二期の概観で述べたように、文久三年（一八六三）の三月、将軍家茂《いえもち》が上洛して孝明天皇に拝謁した。三代将軍の家光以来とだえていた上洛で、実に二百数十年ぶりのことであった。この時から、政局は京都を舞台に動くようになった。

将軍上洛によって勢いづいたのが、幕府と朝廷の協力政治、すなわち公武合体を支持する公卿の一団と会津藩や薩摩藩であった。

一方、あくまで政治の主導権を朝廷側に取り戻そうとする尊王攘夷派側にいる公卿と長州藩は、将軍上洛を幕府糾弾の好機ととらえた。そこで、天皇の攘夷祈願に将軍が随行するという神社参拝を強行したり、将軍が自ら天皇に攘夷期限を上奏しなければならないように仕掛けたりした。

これに対して、公武合体派の公卿と会津・薩摩の両藩は、尊攘派の追い落としを画策し、八・一八の政変といわれるクーデターを行った。それは、攘夷期限の五月から三カ月後の八月十八日であったが、早朝から御所の九門を会・薩の藩兵で厳重に固めたうえ、公武合体派の公卿だけが参内して朝議を開いた。そして、尊攘派公卿の参内・外出・面会の禁止、長州藩の宮門警衛免除などを決定した。

異様な様子を察知して尊攘派の公卿と長州藩士たちが駆けつけたが、会・薩の藩兵に阻まれて宮門を入ることもできない。なんと門には大砲まで並べられていて、いつでも火蓋が切れる状態でもある。睨《にら》みあっているうち、長州藩はその場所から退去すべし、との勅命も下った。

この政変で、尊攘派は万事休すとなり、三条実美《さねとみ》をはじめとする七人の公卿は京都を追われ、長州藩兵に守られて長州へ落ちて行った。これを七卿の都落ちともいう。

このクーデターで尊攘派を追い落とした公武合体派は、態勢を強化するため、諸侯を召集して会議を開くことを計画した。その会議に主導的な役割を果たす人物として参預を置くことにし、次の六名が任命された。幕府の一橋慶喜《よしのぶ》、越前の松平春嶽、土佐の山内容堂、宇和島の伊達宗城《むねなり》、薩摩の島津久光、それに京都守護職の松平容保《かたもり》である。

彼らによって開かれる参預会議は、政治の基本的な方針を策定して公武合体の体制を軌道にのせるのを目的としたもので、画期的な合議機関であった。これがよく機能すれば、朝廷と幕府と雄藩諸侯による共和政治が実現するはずである。

ところが、せっかくの合議制が合議にならないのだった。当面、参預会議が解決すべき問題は、横浜鎖港などの対外政策と長州藩処分の案件であった。それを協議するのであるから、一致点を見出していく努力が必要である。しかし、その方向に進まない。とくに幕府代表の一橋慶喜は、反対のための反対をしている観があった。合議による政治が成立すると、幕府が諸藩と同列の地位に引き下ろされたことになると考える彼は、幕府独裁の権力を維持するためにも、参預会議そのものを否定したいのである。これでは、意見の一致は望むべくもなく、まず山内容堂が辞任して帰り、相次いで伊達宗城、島津久光、松平春嶽も京都を去り、参預会議はわずか三カ月で崩壊した。

◉禁門の変で朝敵となった長州藩

参預会議が跡形もなく解体した元治元年（一八六四）の当初から、それまでの対立概念はより過激になり、もはや対決といったほうがいい形勢になってきた。

それまでの尊王攘夷には、幕府が屈辱的な対外政策から脱して堂々たる外交に転じるなら、幕府の存在を認めてもよいという余地があった。しかし、その攘夷はもはや問題ではなく、尊王一色、つまり天皇中心の朝廷政治による統一国家をつくるという勢力になってきた。そのためには、幕府は不要であるから、この勢力は討幕親政を目指して活動を展開していくのだった。

かたや公武合体にも、幕府側に独裁権力を復活しようとする動きが活発になってきた。これまで幕府は朝廷の協力を得ることによって幕府権力の維持を図ろうとした。ところが、そうすることがかえって朝廷の権威を高め、朝廷に幕府が取り込まれるおそれさえでてきた。そこで幕府内には、自力で政治・軍事の体制を改革し、幕府独裁の権威と権力を回復しようとする勢いが強くなった。

こうなると、対立する二つの勢力は討幕親政か幕権維持かに割れて、ついには対決して決着をつけるほかはなくなるのだった。

その推移を、まず討幕親政側から見るとして、一番の急先鋒は長州藩であった。

長州藩は安政の大獄で刑死した吉田松陰が早くも討幕論を唱え、弟子の木戸孝允《たかよし》、高杉晋作、久坂玄瑞《くさかげんずい》らがその遺志を継いで尊王反幕を藩論にもっていった。ところが、対立する公武合体側が先にも書いたように八・一八の政変を起こして、長州藩ならびに尊王反幕の公卿を京都から追放した。

ここから長州藩の失地回復の運動が始まり、同調する全国の同志らも協力した。その画策するところは、朝廷を牛耳っている公武合体派の公卿や京都守護職の松平容保を襲撃して、朝廷に再び勢力を得ようとする過激なものだった。しかし、同志の一人が京都守護職預かりの新撰組に捕えられて拷問を受け、この計画が露顕した。そして、元治元年（一八六四）六月五日、三条小橋の旅籠池田屋に同志が集合して密議しているところを、新撰組に踏み込まれた。不意をつかれて、松陰の盟友だった熊本藩士の宮部鼎蔵《ていぞう》や、松陰の門弟だった吉田稔麿ら多くの同志が死傷した。

これを池田屋騒動といい、この事件の報が長州に届くと、憤怒が沸騰し、武力上京が抑えられないありさまになった。一カ月後には、藩家老が自ら藩兵を率いて入京を果たそうとした。だが、公武合体派の会津、薩摩、桑名の藩兵に阻止され、七月十九日、ついに御所の門を挟んで戦闘となった。

この戦いを禁門の変と呼ぶが、長州藩は敗北したうえ、天朝に弓を引いたとして朝敵になってしまった。もっとも天朝を尊崇していると自負する長州藩が、その天朝から朝敵の汚名を着せられたのである。なんとも皮肉な結果であった。

◉藩論が公武合体から討幕親政に転じた薩摩藩

ここで勢いづいたのが、幕府側であった。朝敵となった長州藩を誅伐すれば、反幕の勢力を屈伏させることができる。幕府は、ただちに長州征伐の勅許を仰ぎ、諸藩に出兵の準備を命令した。なかでも、公武合体派に与《くみ》している薩摩、会津は討伐軍の主力をなし、西郷隆盛が総参謀に挙げられた。

この状況を見て、討伐阻止に動いたのが勝海舟であった。

海舟は隆盛を大坂城に招き、虚心坦懐に自分の考えを述べた。――幕府の腐敗、弱体化はその極に達し、もはや再建は不可能である。そこにもってきて、日本は西洋諸国の脅威にさらされている。内戦などしていたら、つけこまれて植民地にもなりかねない。日本の独立を守るには、雄藩連合して事に当たる以外に方途はない。そのためには、人材の多い長州藩は絶対になくてはならない雄藩である、と。

隆盛は幕府の中枢にいる人物から、ここまで腹を割った話を聞き、粛然とした。彼はその思いをただちに書状に認め、大久保利通に送った。

「勝氏へ初めて面会つかまつり候処、実におどろき入り候人物にて、最初は打ちたたくくばりにてさし越し候処、とんと頭を下げ申し候。どれだけ智略のあるやら知れぬあんばいに見受け申し候。（中略）現事にのぞみ候てはこの勝先生と、ひどくほれ申し候」

薩摩藩はここから、公武合体側を離脱し、藩論を討幕親政側へと転換させた。

隆盛はその手始めとして、長州征伐を中止させる工作にとりかかった。長州支藩の岩国藩主吉川経幹《きっかわつねまさ》に働きかけるなどして、最終的には、禁門の変を起こした責任者として三家老の切腹、四参謀の斬首によって長州藩が恭順した証《あかし》とし、討伐軍の解兵にもちこんだのだった。それが元治元年（一八六四）の十一月であった。

◉幕府は長州征伐に失敗

しかし、西郷隆盛のとったこの処置に、幕府内部から強い不満が出た。なにがなんでも徹底的に討伐すべきだというのである。その筆頭は、将軍後見職をし、のちに十五代将軍になる一橋（徳川）慶喜であった。彼らは再度天皇に願い出て、慶応元年（一八六五）九月、第二次長州征伐の勅許を得た。

ところが、出兵を要請された諸藩の動きは鈍かった。多くの藩が財政的に困窮しており、避戦したいのである。結局、再征が実施されるのは、ほぼ一年後の翌二年の六月だった。

その間に、長州藩では高杉晋作が藩内の保守派を武力鎮圧して藩論を幕府への徹底抗戦にまとめ、戦闘準備を整えていった。

また、公武合体派を離脱した薩摩藩は、幕府の長州再征には大義名分がなく私兵であるから、出兵に応じる道理はないとして、幕府の命令を無視した。

こうした動きを見ていて、さらに幕府を追い詰めるために、長州と薩摩の提携を急務と考えたのが坂本龍馬であった。しかし、両藩は犬猿の仲である。これを龍馬は、薩摩藩名義で長崎の外国商人から新鋭の武器を購入して長州藩に提供するなど、実利的な工作によって和解をはかった。それが功を奏して、慶応二年（一八六六）一月、薩長連合が成立した。

それから半年後、幕府は第二次長州征伐に踏み切り、大島口（四国方面）、芸州口（山陽道方面）、石州口（山陰道方面）、小倉口（九州方面）から攻め入ろうとした。長州側は四つの国境で迎え撃ったので、この戦いを四境の戦いと呼んだ。そして、地元の農兵だけにまかせて守備が手薄だった周防《すおう》大島は、いったんは幕府軍の上陸を許した。しかし、ほかの三方面ではことごとに長州軍が優勢で、幕府軍を一歩も領内に入れなかった。

負け戦がつづく幕府には、さらなる悲運が見舞った。大坂城に陣を構えていた将軍家茂が、脚気の病気から呼吸困難に陥り、七月二十日、二十一歳の若さで急逝したのである。

相次ぐ敗報に意気喪失した幕府は、長州藩に和睦を申し入れ、長州征伐は九月に終結した。

◉徳川慶喜の将軍就任と孝明天皇の崩御

将軍家茂の逝去によって、一橋慶喜が徳川宗家を継いで徳川慶喜となり、さらに十二月には十五代将軍に就任した。

将軍慶喜は幕府の権威・権力の回復に鋭意取り組んだ。人材の登用、政治体制の改革、軍事制度の刷新などを大胆に推進した。実はこれらは、彼が将軍後見職に就いた時から手がけてきたが、将軍を襲封すると、いっそう力を入れたのだった。

ところが、天が味方をしなかったというか、時が見放したというか、慶喜にとってはこれ以上はない不運が見舞ったのだった。それは、彼が将軍職を継いで一カ月もたたない慶応二年(一八六六)の十二月二十五日に、もっとも後ろ盾として心強いお方であった孝明天皇が崩御されたことだった。

孝明天皇は時勢がどのように揺らごうと、親幕の姿勢をくずすことなく、幕府に政治を委任してきた。その天皇が疱瘡にかかり、わずか旬日にして最期を迎えたのである。三十六歳の一生であった。皇位を継承した明治天皇は御年十五歳であり、それまで政治に関与するなどはまったくなかった。

そこに乗じて、朝廷内で勢力をのばしたのが、薩長が加担する反幕派の公卿、三条実美や岩倉具視《ともみ》であった。

慶喜は朝廷内での足場を弱くし、政治運営が苦しくなる一方であった。そのため、目論んだ改革も思うようには進まなくなり、幕府の衰退ぶりはますますあらわになった。

こうなると、討幕路線が現実味を帯びてきて、薩摩と長州は密勅を得ようと画策をはじめた。

これを察知して、平和裡に幕府政治を終息させるべく動きはじめたのが、勝海舟の思想を受け継ぐ坂本龍馬であった。海舟の思想の一端は、先に西郷隆盛を説得した時の言葉にも現れているが、日本を、西洋先進国と対等に伍していく近代的な国にすることである。その実現のためには、朝廷側と幕府側が戦火を交えて内乱状態になり、そこにつけ込まれて仮にも植民地化されるようなことがあってはならない。

では、どうするか。幕府が自ら幕府政治を天皇に返上すればよいのである。すなわち大政奉還である。

龍馬は、その実現に向けて活動を開始する。しかし、一介の処士にすぎない龍馬が、将軍に直接建言することなど不可能である。そこで彼が考えたのは自分の出身の土佐藩を動かすことであった。とはいえ、これまた郷士出だった彼は、藩主に直々には進言できない。だが、突破口はあった。土佐藩参政（家老職）の後藤象二郎との接点が、それであった。

◉大政奉還で二百数十年つづいた徳川幕府に幕

その頃、龍馬は同志らと長崎に亀山社中という結社をつくり、海運の活動をしていた。後藤象二郎はこれに目をつけ、土佐藩の海運ならびに海軍の活動に取り込もうと企図し、支援を申し出た。龍馬の方も、そうなれば活動の幅が広がると判断して、これを受け入れた。これが、よく知られるところの土佐海援隊である。慶応三年（一八六七）四月に設立され、龍馬は隊長になった。

それから二カ月後、象二郎と龍馬は海援隊の船で京都に向かっていた。その途中、瀬戸内海を航行中に、龍馬は象二郎に、もはや幕府を従来のまま存続させることは不可能で、天皇を中心にした統一国家を実現させなければならない、という意見を述べた。そのうえで、幕府も徳川家も傷つけず、平和裡に幕府政治を朝廷へ返上する方法を八項目の箇条書きにして示した。

これが、世に有名な「船中八策」（坂本龍馬の項、149頁参照）で、要約すれば、「朝廷を国内唯一の中央政府として、議会をつくり、憲法を制定し、政府直属の軍隊を設置し、通貨も国際的に通用させる」というもので、立憲的な国家構想であった。

象二郎は龍馬の意見を容れて幕府に対する建白書をつくり、主君の山内容堂に提出した。

武力討幕の機運が高まるなかで事態の解決に苦慮していた容堂は、象二郎の作成した大政奉還建白策に満足した。幕府が終焉するにしても、せめて武力なしでというのが、親幕の姿勢を貫いている容堂の心情であったからである。

容堂は自ら京都に赴き、二条城にいる将軍慶喜と老中らに差し出した。これに対して、老中らは二百数十年つづいた幕府権力の惰性に流されていて、逡巡するばかりであった。しかし、ひとり将軍だけは迷うことなく、大政奉還を心に決めた。それには、土佐の建白策の中に「上下議政所の制度を設け、政治運営の中心にする」とあるのに、将軍が着目したからではないかともいわれている。

上下議政所とは今日の議会のようなもので、この制度の中に徳川宗家が議長になるなどして勢力を占めれば、新しいかたちで徳川の権力がつくられるのではないか……慶喜はこのように考えたのではないか、とみるわけである。

将軍慶喜は決意を老中や側近に告げたうえで、十月十三日、在京四〇藩の重臣を二条城に召集し、大政奉還をする旨を告げた。その二日後、将軍の上表は天皇に受け入れられた。

こうして、徳川家康以来十五代、二百数十年つづいた徳川幕府は幕を閉じた。慶応三年（一八六七）十月十五日であった。

同日、薩長などの藩に討幕の密勅が出たが、幕府は存在しないので、それは反古《ほご》となった。

◉王政復古の大号令から廃藩置県まで

だが、討幕派勢力は、将軍慶喜が大政奉還をしただけでは満足しなかった。家康の再来かともいわれるほどの知恵者・慶喜である。いつ巻き返しに出て、幕府の復権を謀るやも知れない。そうなる前に、息の根を止めなければならない……。

そこで、反幕派の公卿や薩長が敢行したのが、王政復古の大号令とそれにつづく小御所会議での徳川慶喜の辞官・納地であった。その断行は大政奉還から二カ月後の十二月八日から九日にかけて実施され、もっとも中心になったのは岩倉具視であった。

まず、具視が起案し、明治天皇の裁可を得て発表したのが、王政復古の大号令であった。その中で、「王政復古、国威挽回の御基《もとい》立てさせられ候間、（中略）諸事神武創業の始めにもとづき、（中略）尽忠報国の誠をもって、奉公致すべく候」と、天皇親政が謳《うた》いあげられた。続いてその夜、天皇臨席のもとに小御所で会議が開かれた。ここでの最大の課題は、徳川家から官位も領地も取り上げることだった。それを徳川慶喜の欠席のなかで決めようとしたので、いささか紛糾したが、結局は強引に決定を下した。

こうなると、旧幕臣たちが激昂するのは、火を見るよりも明らかである。年明け早々の明治元年（一八六八）一月三日、堪忍袋の緒が切れたように旧幕臣が軍備を整えて大坂城を出発し、待ち受けた薩長の軍とついに鳥羽・伏見で戦端を開いた。

これは武力討幕で幕府の息の根を止めたい反幕派勢力にとっては、好機到来でもあった。ただちに東征軍を組織して京都を進発した。

この事態に直面して、憂慮したのが勝海舟であった。朝廷側と旧幕府側が真正面から対決してしのぎを削れば、天下を真っ二つに分けての内乱となろう。そして両勢力とも疲弊しきったところに、イギリスやフランスが介入してくれれば、植民地化されるおそれがある。これだけはなんとしても阻止しなければならない、というのが海舟の痛切な思いであった。

海舟はそのために、東征軍参謀の西郷隆盛と単独会見をして自分の真意を理解してもらい、その一方では、旧幕臣の抗戦派を説得して恭順にもちこんだ。これによって、江戸総攻撃は中止され、四月十一日に江戸城は無血開城した。

これより前、奇しくも海舟・隆盛会談の三月十四日と同じ日であるが、明治天皇が自ら神前に「五箇条の御誓文」（第四期の解説参照）を捧げられた。その第一は「広く会議を興し万機公論に決すべし」とあり、国民参加の新しい政治の基本方針を示したものだった。そして江戸城無血開城もしたので、ここに明治新政府は、近代国家の建設に向けて漕ぎだしたといえる。

ただし、その後に若干の紆余曲折はあった。

あくまで抗戦をつづけようとする旧幕府寄りの勢力がなくなったわけではなく、鳥羽・伏見の戦を端緒とする戊辰戦争が、その後もつづいた。それは、上野の彰義隊戦争、会津若松戦争、五稜郭戦争などであったが、いずれも局地的な戦闘に終わり、拡大しなかったのは幸いであった。最後の五稜郭戦争が終わったのが明治二年（一八六九）五月であった。

その翌月の六月には版籍奉還が行われて、版（領地）と藉（領民）が国に返上された。つづいて二年後の明治四年（一八七一）には廃藩置県が実施され、ここに完全に幕藩体制は消滅したのだった。

真の開国のためには倒幕あるのみと主張して

井上聞多（馨）

【いのうえ　もんた（かおる）】
（天保六年～大正四年　一八三五～一九一五）

語録

テレグラフと言うても分からず、電信という訳字もなし。（中略）「何千里もあるという所を僅か二時間位で通信ができる筈がない。法螺《ほら》を吹くにも程があある」と、こういうありさまであって、なかなか攘夷が激しい。

井上聞多は、明治になってからの名は馨という。政治家井上馨は、外務大臣や大蔵大臣などを歴任した。しかし、私生活が派手すぎるなどで、かならずしも評価は高くなかった。それにくらべて、幕末における井上聞多は、長州藩の桂小五郎（木戸孝允《たかよし》）、高杉晋作、村田蔵六（大村益次郎）、伊藤博文らとともに、反幕の志士としてなかなかの活動をした。

聞多は天保六年、湯田（山口）で藩士の家に生まれた。十七歳で萩に出て藩校明倫館で学び、二十一歳の時、藩主の参勤交代に従って江戸に出た。

聞多はこの時から蘭学を学び始め、西洋への関心を高めていった。

万延元年（一八六〇）、二十五歳で、聞多は藩主毛利敬親と世子定弘の小姓役にあげられた。これによって、彼は江戸と萩とを往復することも多くなり、幕府のお膝元で時代の動きを敏感に察し、西洋事情をもっと知る必要性を痛感した。そこで彼は藩主へ直々に、欧州への留学を願いでた。先に取り上げた伊藤博文の項で書いた長州藩の密航留学は、聞多のこの要請によって実現したのだった。ところが、これも伊藤博文の項で書いたように、「ロンドンタイムス」の記事で、四国連合艦隊が下関の砲台場を攻撃しようといていることを知り、二人はそれを回避させるために急遽帰国したのだった。

元治元年（一八六四）六月初め、横浜に帰港した二人は各国の領事に報復戦の中止を懇請したが、「長州側の出方次第だ」として、突き放された。

その六月下旬、聞多は山口の政治堂における御前会議に出席して藩主以下重役に、欧米と事を構えることの無謀さを説いた。その時の様子を明治になって彼が語ったのが、『防長史談会雑誌』（第六号）に載っている。表記の言葉はその一部であるが、彼は藩論をくつがえすことができなかった。それどころか、「お主は外夷の間諜か」とか「売国奴になりおって」と罵《ののし》られるありさまだった。結局、八月上旬、長州藩は連合艦隊の砲撃を受け、下関の砲台場を占領されるという敗北を喫した。

それだけではない。その少し前の七月十九日、長州藩は禁門の変を起こし、御所に弓を引いたとの廉《かど》によって朝敵となった。勅令を受けた幕府は、長州征伐を諸藩に布告した。対国外に加えて対国内でも苦境に陥った長州藩は、九月下旬、これもまた山口の政治堂で、どう対応するかの御前会議を開いた。意見は二つに割れて激突した。幕府に対してひたすら恭順するという俗論派と、恭順はするが攻めてくるなら戦うという武備恭順の正義派。小姓役の聞多はこの会議にも参加したが、武備恭順を主張した。彼は論陣を張るなかで、「幕府の言いなりになるということは、おそれ多いことながら、藩主の切腹を要求されたら、それをのむのか」と、俗論派を追い詰めた。満場声なしだったという。

おさまらない俗論派はその夜、湯田の自宅に帰る聞多を待ち伏せて闇討ちした。彼はめった斬りされたが、幸いにも急所ははずれていた。血まみれで自宅に担ぎこまれた彼を、近所の蘭方医が何十針も縫って止血し、彼は一命を取りとめた。

それからの聞多は、高杉晋作とともに奇兵隊の隊長として、討幕運動に邁進した。

参考文献
『世外井上公伝』井上馨侯伝記編纂会（中外書籍）　『開港と維新』梅村又次・山本有造編（岩波書店）

統一国家づくりに向けて薩長連合・大政奉還の根回し

坂本龍馬

【さかもと　りょうま】
（天保六年～慶応三年　一八三五～一八六七）

語録

日本を今一度せんたくいたし申し候事にいたすべくとの神願にて候。

脱藩浪人となって変革活動に邁進

坂本龍馬は浪人の身でありながら、土佐藩を動かして大政奉還という大事業の根回しをした。また、その少し前には、幕府に対抗する薩長連合という一大勢力づくりの根回しをした。この両者は、薩長連合による強大な武力の威圧によって幕府に政権を返上させ、平和裡に統一国家の日本を実現しようとする高等な戦略であった。

龍馬はそこにいたる思想を、どのようにして形成したのだろうか。

そこでまずは生い立ちであるが、龍馬は天保六年、土佐の高知で、武士としては一番下級の町人郷士の家に生まれた。土佐藩では、郷士は農業か商業に従事するのがきまりで、彼の家は質屋や酒屋を営んでいて繁盛し、裕福であった。彼はその坂本家で二男三女の末っ子であった。そして、母が龍馬を生む前に、雲龍奔馬が真っ赤な炎を吐きながら体内に躍りこんでくる夢を見たというので、龍馬と命名されたという。

その名とはうらはらに、幼い頃の龍馬は泣き虫で、寺子屋にもまともに通わなかったという。また、藩校で学ぶという身分でもなかった。そのため、正規の学問は受けていない。だが、成長するにつれて知的好奇心が旺盛になったというか、耳学問でどんどん知識を吸収するようになった。もう一つ、これも天性の能力があったのか、剣術をやらしてみるとたちまち上達した。

自信をもった龍馬は父に願い出て、嘉永六年（一八五三）十九歳で江戸に行き、北辰一刀流の千葉道場に入門した。その時ちょうど、ペリーの黒船来航に接して、時代が激しく動いているのを知った。そこでただちに佐久間象山の塾に入り、砲術を学ぶなどした。知的好奇心による行動といってもいいだろう。

その後、高知に帰り、文久元年（一八六一）武市《たけち》瑞山が土佐勤王党を結成すると、龍馬はこれに加盟した。その翌年の一月、瑞山の使者として長州の久坂玄瑞《くさかげんずい》を訪ねた。

この時、玄瑞の項で書いたように、玄瑞は藩意識を抜け出せない土佐勤王党を批判して、自分の考えを手紙にしたためたし、そのことを龍馬にも語った。

「日本という大きな立場で改革を進めるためには、あなたたちの藩も、私たちの藩もなくなってもいいではありませんか」

龍馬はこの言葉に衝撃を受け、さらにまた玄瑞の主張する草莽崛起論《そうもうくっき》にも、胸をかきたてられるような思いで賛同した。それから三カ月後、彼は土佐藩を脱藩した。浪人になる方が、藩の制約を受けずに行動できると考えたからである。まさに行動力に富む人である。

とはいえ、脱藩の罪は重い。龍馬は捕り方の目を逃れるように藩境を越え、江戸へ出て千葉道場を頼った。その半年後の秋、彼は道場主の息子の千葉重太郎の紹介で、勝海舟に会いに行った。咸臨丸で太平洋を横断しアメリカを見てきた人が、異国を実際にどのように考察したのかを聞こうとしたのである。

海舟は龍馬に、アメリカでの見聞も交えながら世界の情勢を語り、次のように言った。

「今は尊王だ佐幕だと国内で争っている場合ではない。西洋列強の圧力に負けて、その支配下に入ることのないようにするためには、早急に強力な統一政府を樹立し、産業貿易の振興と軍事力、特に海軍の強化を図るほかはない」。

海舟の言うことも、玄瑞の言ったこととまったく同じである。しかも、海舟の場合は、トントン拍子で出世の階段を駆け上がって今は軍艦奉行並になっている幕臣である。そのような人物が、何事も幕府本位に考えるような狭量さは微塵もなく、堂々と統一国家論、積極的開国論を展開した。龍馬はその話、その人物に魅了され、その場で、海舟に弟子の礼をとった。この時、海舟は四十歳、龍馬は十二歳年下の二十八歳であった。以後、龍馬は、海舟のもつ思想や航海術などを学び吸収していった。

龍馬は海舟の門人になった喜びを、郷里の姉に手紙でこう知らせている。

「今にては日本第一の人物勝麟太郎殿という人の弟子になり、日々かねて思いつき所を精といたしおり申し候」

このように海舟に傾倒して思想的にも成長した龍馬は翌文久三年（一八六三）には、今度は姉への手紙の中で、表記の言葉を吐いた。「汚れた日本を洗濯して、きれいな立派な日本にするのが、今私が心からの願いにしていることです」と、まさに摑んだ思想を実践しようとする心意気が感じられる文面である。龍馬はそれをやがて、薩長連合や大政奉還の根回しなどでやってのけるのだった

幕府と対決できる勢力としての薩長連合を実現

語録

予等の両藩（薩摩・長州）の為に挺身尽力するもの決して両藩の為に非ず。偏《ひと》えに天下の形勢に顧み、夢寐《むび》も安んぜざる所のものあればなり。

幕末の動きが激しくなるなか、長州藩は元治元年（一八六四）禁門の変を起こして朝敵となった。幕府はこの機を逃さず、勅命を仰いで長州を征伐しようとした。これを不戦にもち込んだのは、すでに書いた西郷隆盛であった。彼は勝海舟から、長州征伐は決して日本のためにはならないことを悟らされて、権謀術数も駆使しながら戦闘を回避し、終結にもち込んだ。

これを第一次長州征伐というが、幕府首脳部は長州藩を打ち破る戦機を逸したことを残念がり、再度勅許を仰いで第二次長州征伐を諸藩に命令した。それが慶応元年（一八六五）の五月であったが、どの藩もまったく戦う意志がなく、延び延びになった。

出兵を要請された薩摩藩も、今度の長州征伐には大義名分がなく、幕府の私戦であるから、出兵に応じる道理はないとして、幕府の命令を無視した。

また、追討される側の長州藩内でも、俗論派の無条件降伏に反対して、高杉晋作が藩内挙兵をして幕府に徹底抗戦をする方向にもち込んだ。

このような推移を見守っていた龍馬は、慶応元年（一八六五）の四月頃から、長州と薩摩に手を結ばせようと動きはじめた。海舟の教えを受けた龍馬には、天朝のもとで雄藩連合という形にもっていく統一国家の構想がある。そのためには、幕府が独裁を強める反動政治はなんとしても阻止しなければならない。

それなのに、八・一八の政変でも禁門の変でも敵対した長州と薩摩が、仇敵のようににらみ合っていては、とうてい幕府に対抗する勢力にはならない。ぜがひでも、薩長の提携を実現させなければならない。だが、そうはいっても、長州側からすれば、これらの事変では公武合体派側にいた薩摩藩から痛苦を受け、〝薩賊会奸〟と呼んで、恨み骨髄である。おいそれと、和解などできるものではない。

それを重々承知のうえで、龍馬は土佐の同志である中岡慎太郎とも相談し、手分けして長州の木戸孝允《たかよし》や高杉晋作を、薩摩の西郷隆盛や大久保利通を説得した。その時に言った言葉が『防長回天史』に記録されており、表記の言葉はその一部である。

龍馬はまた、「協力しあって将来の大事をしようと思ったら、小さな感情にとらわれず、心を開いてやらねばならない」、「天下国家のためには、私怨とか私憤は百害あって一利もありはしない。捨てる器量がなにより大事である」と言って説得に努めた。

それだけではない。その頃、龍馬は同志らと海運業の亀山社中（のちの海援隊）という結社をつくっていた。この結社を使って実利のある方法を講じ、両藩を結びつけたのである。長州征伐を宣言した幕府は、外国商人に対して、「長州藩に武器を売ることまかりならぬ」との指令を出していた。そこで、龍馬は西郷と大久保を説得して、薩摩藩名義で長崎の外国商人から銃砲を仕入れ、亀山社中の船で長州の下関に運んだ。幕府を迎え撃つ武器の調達ができた長州藩は薩摩藩の行為に感謝し、その年、凶作で困っていた薩摩藩のために、大量の米を龍馬の船に託して鹿児島に運送した。

お互いの誠意を実のある具体的な方法で示すことで、両藩の信頼関係は築かれた。そして、慶応二年（一八六六）一月二十一日に薩摩の京都藩邸で、これも龍馬の立会いのもとに、西郷、大久保と木戸の間で薩長連合は成立した。その盟約条項は六条からなり、「幕長間で戦いとなった時、薩摩は兵を上洛させて京阪両所を固める」、「万一長州が敗勢となった時、薩摩は必ず尽力する」など、幕府への抗戦意識を全面に押しだした。

龍馬はこの連合成立を心から喜び、定宿にしている伏見の寺田屋に帰った。ところが、幕府は彼の活動を嗅ぎつけていて、二日あとの二十三日夜、捕り方が急襲した。彼は高杉晋作から貰っていたピストルで応戦し、間一髪で危地を脱した。

大政奉還の実現に土佐藩を動かすという根回しを

語録
私一人にて五百人や七百人の人を引きいて、天下の御為するより、二十四万石を引きいて、天下国家の御為致すが甚だよろしくと存じ候。

続いて、龍馬がやってのけた大きな業績は、大政奉還の実現に向けての根回しである。幕府政治を終息させるという大仕事。これは龍馬が師と仰ぐ勝海舟が、反幕勢力との武力衝突なしで幕府を傷つけることもなく、平和裡に統一国家をつくるための実行プランとして考えていたことであった。龍馬はその志を同じくして動いたのであった。

しかし、一介の浪人である龍馬がじかに将軍に会うことなどできようはずもない。そこで彼が考えたのが、土佐藩主の父・山内容堂を動かすことだった。容堂ならば将軍にお目どおりもでき、幕政に影響を与えるほどの発言力もある。だが、浪人の龍馬は容堂にも会うことができない。そこで彼がねらいをつけたのが、土佐藩参政（家老職）の後藤象二郎であった。

ちょうどその頃、象二郎は龍馬が設立した亀山社中に注目して藩の機構に取り込もうとしていた。彼は藩財政を立て直す意図で、土佐の産物を取り扱う土佐商会を長崎に設立し、亀山社中をそれに連動させようとした。それゆえ、彼の方から龍馬に近づいてきた。二人は長崎で会合し、慶応三年（一八六七）四月、亀山社中は土佐海援隊と改称し、龍馬は隊長に任命された。なお、この時、土佐陸援隊も組織され、隊長には中岡慎太郎が任命されている。

ところで、象二郎はかつて土佐勤王党に大弾圧を加えた。党員だった龍馬には仇敵ともいえる。それなのに、龍馬が象二郎と結託したとの噂を聞いて、姉の乙女は弟に詰問の手紙を出した。これに対して龍馬は返事を書いた。表記の言葉はその一節である。

たしかに浪人としてだけでは、数百人も動かせば上々であろう。しかし、知恵を働かせて策を練れば、二十四万石の土佐藩という大組織を動かすこともできるのである。そこに大義があるなら、小事にこだわってはおられない、と。

その機会は間もなくやってきた。六月、京都にいる容堂から、長崎滞在の象二郎に呼び出しがかかり、海援隊の船で行くことになり、龍馬も同行した。この機会を逃さず、龍馬は自分の考えている国家体制についての持論を述べ、それを八カ条にまとめて象二郎に示した。これを「船中八策」といい、次のとおりであった。
一、天下の政権を朝廷に奉還せしめ、政令よろしく朝廷より出づべき事。
一、上下議政局を設け、議員を置き、万機を参賛せしめ、よろしく公論に決すべき事。
一、有材の公卿、諸侯および天下の人材を顧問に備え、官爵を賜い、よろしく従来有名無実の官を除くべき事。
一、外国の交際広く公議をとり、新たに至当の規約を立つべき事。
一、古来の律令を折衷し、新たに無窮の大典を撰定すべき事。
一、海軍よろしく拡張すべき事。
一、御親兵を置き帝都を守衛せしむべき事。
一、金銀物価よろしく外国と平均の法を設くべき事。

龍馬のこの戦術は見事に功を奏し、象二郎が土佐藩の「大政奉還建白書」として立案し、山内容堂から将軍慶喜に上書した。将軍もこれを受け入れ、慶応三年（一八六七）十月、大政奉還は武力衝突なしに実現したのだった。

その一カ月後の十一月十五日、龍馬を凶刃が襲った。大政奉還の根回しをしたことを知って恨んだ幕府見廻組の刺客が、龍馬が京都の投宿先で陸援隊長の中岡慎太郎と会っているところに斬り込み、二人は最期をとげた。その日は奇しくも龍馬三十三歳の誕生日であった。

参考文献
『坂本龍馬関係文書』岩崎鏡川編（日本史籍協会）『坂本龍馬』池田敬正（中央公論社）『坂本龍馬とその時代』花輪莞爾（新人物往来社）『坂本龍馬　言行ノート』森友幸照（中経の文庫）

いち早く三権分立の憲法を草案した哲学者

西周

【にし　あまね】

（文政十二年〜明治三十年　一八二九〜一八九七）

語録

西洋官制の義は、三権の別を主と致し候。（中略）三権共皆、独立して相倚らず候。三権各々其の任を尽くし候事、制度の大眼目に之れ有り候。

慶応二年（一八六六）六月、幕府はようやく長州征伐を開始した。すなわち、第二次長州征伐である。戦端は長州藩の国境の四箇所、芸州口、大島口、小倉口、石州口で開かれた。このうち、松山藩兵が主力となって攻めた大島口はいったん占領されたが、ほかの所はすべて幕府軍の負け戦だった。

そのように幕府側の敗色が濃くなりつつあった七月に、将軍家茂《いえもち》が逝去した。家茂は将軍自ら陣頭に立つとして、本陣を江戸城から大坂城に移していた。ところが、脚気の病状が急速に進み、呼吸困難に陥って、わずか二十一歳の若さでの最期であった。

幕府首脳は、戦意の喪失を危惧して、この事実をしばらく隠し、ようやく発喪したのは一カ月後であった。

そうして今度は、次の将軍を誰にするかが、大きな問題になった。さまざま思惑も絡んだが、結果としては、かつて将軍継嗣問題で候補にあげられ、さらには将軍後見職に就いていた一橋慶喜《よしのぶ》が候補にあげられた。

これに対して、慶喜は徳川宗家は継ぐが、将軍職は辞退するとの意思を表示した。しかし、紆余曲折の末、それも受け入れて、その年の十二月、徳川慶喜として十五代将軍を襲封した。

その新将軍からの要請で、政治顧問として側近に取り立てられたのが、当時幕府の洋学研究機関・開成所教授をしていた西周であった。

西周は文政十二年、石州（島根）津和野藩の藩医の家に生まれ、幼少の頃からその秀才ぶりに藩主も期待を寄せ、藩士に取り立てた。彼は十二歳から藩校養老館で儒学を学び、時には藩主に御前進講をしたりもした。その後、かのペリーの黒船が来航した嘉永六年（一八五三）には江戸に出て、蘭学を学びはじめた。ここでも彼は語学の才を発揮し、原書を通して西洋に関する知識をどんどん蓄積していった。

こうなると、西洋事情を知ることが不可欠となった幕府も放ってはおかず、周は安政四年

（一八五七）二十九歳の時、蕃書調所教授並に取り立てられた。さらに文久二年（一八六二）には、榎本武揚や津田真道らとともに選抜されてオランダに留学し、ライデン大学で政治と経済を学んだ。

慶応元年（一八六五）に帰国した周は、蕃書調所から改称した開成所教授にあげられ、『万国公法』を翻訳するなどして、西洋知識の啓蒙に努めた。

将軍となった慶喜も、幕政改革に周の知識を活かそうとして側近に加えた。

周は慶喜に対して、「政治改革のために、西洋の制度を参考にするのはよろしいが、真似をするのはいけませぬ。なにしろ彼の国々とわが国では国情が違うのですから」、と進言した。

そして、政治改革を進めるうえで、もっとも基本になる憲法の重要性を説いたのだった。彼はそれを『議題草案』としてまとめ奉呈した。

その冒頭で周は、表記のように述べて、三権分立論を展開した。つまり、議会が立法権、裁判所が司法権、政府が行政権という権力の分散があってはじめて、政治は公正に行われることを説いたのである。

現在では政治の三権分立はまことに当たり前、現憲法でも明記されている。が、幕府独裁の当時にあって、この理論はまったく思いもよらないものであっただろう。将軍慶喜がどこまで理解したか、賛成したか。それを示す記録は残っていない。

その点について、大正年間に発表された論文『維新前後に於ける立憲思想』（尾佐竹猛著）に、非常に興味深い推理が書かれている。「慶喜が大政奉還に踏み切ったのは、西周から三権分立の説を聞き、議会を設置して自分がその議長になれば、立法権を駆使して実質的に政権を掌握することができると判断したからではなかろうか」、というのである。

さて、その後の西周であるが、明治新政府が発足すると、彼は呼ばれて兵部省に出仕した。ここでは、主として西洋軍制の翻訳と調査にあたった。

つづいて、明治六年（一八七三）には福沢諭吉や森有礼らが組織した文明開化の啓蒙団体・明六社に加盟し、哲学論文を発表するなど、旺盛な学問的活動を展開した。

その〝哲学〟という言葉は彼が考えた〝フィロソフィ〟の訳語であるといわれる。

参考文献
『西周全集』大久保利謙編　『西周伝』森林太郎　『西周哲学著作集』麻生義輝編

王政復古から新政府の体制確立に敢然と

大久保利通

【おおくぼ　としみち】
（天保元年～明治十一年　一八三〇～一八七八）

公武合体論から倒幕論へと転換して活躍

語録

幸いに（慶喜は）将軍職御辞退固く申上げ候て、この儀は諸藩来会までは相動き申すまじく候に付き、誠に機会失うべからずと存じ候間、共和の大策を施し、征夷府の権を破り、皇威興張の大綱相立ち候様、御尽力伏して冀《ねが》い奉り候。

大久保利通は、長州の木戸孝允《たかよし》、薩摩の西郷隆盛とともに幕府を消滅させるのに大きな功績をあげ、〝維新の三傑〟と称される。しかし、利通ははじめから倒幕の線で活躍したのではなく、むしろ公武合体の側で活動していた。

利通は西郷隆盛より三つ年下で、天保元年に生まれた。二人とも同じように薩摩藩の下級藩士の出で、同じ町内に住み、同じ郷中教育を受けて、幼少から親交があった。

　また二人は、意見書を提出したのが契機となって活動の場を得るのであるが、隆盛が島津斉彬《なりあきら》にそれを提出して見出されたのに対して、利通の方は斉彬亡き後の島津久光に献策して見込まれたのだった。

　利通や隆盛ら下級藩士の青年たちは、斉彬在任中にその影響を受けて政治改革に目覚め、精忠組という一種の結社をつくっていた。利通はこの仲間が活動の場を得るようにしたいと考え、久光に対して、この時局を乗り切るための藩政改革や革新的活動には人材登用が必要などの献策を行った。

　これが久光の注目するところとなり、利通は万延元年（一八六〇）、三十一歳の時、勘定方小頭《こがしら》に取り立てられた。彼はこの時から、兄斉彬の遺志をついで中央政局への進出をねらう久光の側近として腕をふるい、名を天下に知られていく。

　久光ははじめ、公武合体政策で朝廷と幕府間をまとめようとし、利通はその腹心として動いた。文久二年（一八六二）、久光はその実践に乗り出すべく、薩摩藩兵一千を率いて上洛した。この時、利通は先発して入京し、久光の藩兵引率を正当化するため公卿の近衛忠房《ただふさ》らに、「皇国復古の大業を実現するため久光に、滞京して朝廷を守護すべしとの勅命をいただきたい」と斡旋を願った。また久光の入京後には、同じく公卿の岩倉具視《ともみ》に会い、「朝廷中心の公武合体をすすめるため、将軍の上洛をうながす勅使を派遣すべきである」と進言した。

こうして公卿の大原重徳《しげのり》が勅使となり、久光は藩兵を引き連れて江戸下向に随行する。外国人を殺傷するという生麦事件を起こしたのは、その帰途のことであった。

ちょうどその頃から、尊王攘夷の嵐が吹いて反幕勢力が強くなり、久光の公武合体運動は行き詰まった。次に打つ手を失った久光の政治的指導力は低下した。一方、非凡な手腕を見せた利通は徐々に薩摩藩を代表する存在となり、実行の権限も格段に高まった。

そこで利通が次に打ち出したのが、公武合体を一歩進めた雄藩連合の運動であった。これは、幕府の存在を認めないということでもあった。つまり、徳川家も一諸侯の列に加わり、朝廷を中心に雄藩が連合して政治をする、いうなれば共和制のような考えであった。

これを実現するには、幕府政治をどう終結させるかがもっとも難しい問題であり、いざとなれば討幕を決断しなければならない。だが、そうなれば内戦は必至、西洋列強が介入する危険性もあり、それを回避する最善の道は、幕府が自ら大政を奉還することである。

その機会は、はしなくも巡ってきた。というのは、第二次長州征伐のさなかに、将軍家茂《いえもち》が大坂城で病死し、次の将軍に一橋（徳川）慶喜《よしのぶ》が擬せられるという事態が起こったのだった。慶喜はこの時、幕府を取り巻く厳しい情勢を推考して、即座に将軍職を襲封しようとはしなかった。利通はこれを逆手にとって、幕府政治の廃止を画策した。表記の言葉はその考えを、西郷にあてた手紙で述べた一端である。

利通はこの線にそって、近衛忠房などの公卿に対して、朝廷が慶喜に将軍宣下をしないように働きかけた。さらにそのうえで、天皇の御名で雄藩諸侯を招集し、朝廷が主導権をとるよう建言した。しかし、この画策はみのらなかった。慶喜側も朝廷に手を回し、その年の十二月、慶喜は結局、宣下を受け入れて十五代征夷大将軍の位に就いた。

こうなっては、武力を用いても倒幕あるのみ――利通は強行論者になっていった。

維新政府の基盤固めに邁進

語録

天下の大政を議定する全権は朝廷にあり。我が皇国の制度法律一切の万機、京師の議事堂より出づるを要す。

しかし、朝廷側が武力討幕にふみきる前に、慶喜の方が先手をうった。坂本龍馬の根回しなどがあって大政奉還を奏上し、武力衝突を避けたのだった。それが慶応三年（一八六七）

十月十五日であった。

その頃、利通や、長州の品川弥二郎らが協議して、討幕の密勅を仰ぐ工作をつづけていた。それがなんと大政奉還と同じ日に出て、反故となってしまった。この時から、岩倉具視と利通、隆盛が中心になって朝廷政治のあり方を練った。

それについて、利通の考えは、表記の言葉が基本になっている。これはこの年の六月、やはり討幕を意識して薩摩と土佐が薩土同盟を結んだとき、利通が強く主張し、盟約書に明記したものである。統一国家をつくり、議会を中心にした政治を意識している。

その実現が可能になりそうなところまできた。その皮切りになったのが、大政奉還から二カ月後の十二月七日、御所の学問所に若き天皇が出御して宣布された「王政復古の大号令」であった。その内容は、摂政、関白、征夷大将軍（幕府）を廃止し、総裁、議定、参与の三職を置き、人材登用、言路洞開による政治をするというものであった。

これにつづいて、新政府最初の会議が小御所で開かれた。これを小御所会議と呼んでいるが、大変な事態を引き起こす議決がなされた。

それは、徳川慶喜の辞官、納地を決めたことである。いうなれば徳川家に対して、地位も領地も全部捨てよ、と強請しているような議決である。

この知らせを受けて、大坂城にいた幕臣たちは激昂した。ついには京都に向かって武力進行し、薩摩・長州の藩兵と衝突して鳥羽・伏見の戦となり、さらには戊辰戦争となった。これが拡大していたら、国内を二分する内戦になったかもしれないが、勝海舟の尽力によって局地戦以上にはならず、明治二年（一八六九）の五稜郭の戦をもって終結した。

旧幕臣にも公平に機会を与えた人事政策

語録

御一新後の弊を観察するに、其の大害三あり。体用顚倒して、左思右顧動《やや》もすれば変移す、是れ一なり。人材を挙ぐるは政の本なり、然るに撰挙の法疎にして進退須臾《しゅゆ》に変ず、是れ二なり。政あれば制度規則あり、百官有司心を一本に尽くすべし、然るに其の法則立たずして、各自に専恣して乱るること麻の如し、是れ三なり

明治新政府の政府機関は太政官といい、この頃から本格的な体制づくりをすすめた。利通は隆盛や孝允とともに太政官に入り、徴士から参与、参議と昇り、新体制づくりに取り組んだ。ところが、公卿が中心になっている太政官は武家から政権を奪い返したことに満足しているだけで、将来に対するビジョンなどなにも持っていない。これに危機感をいだいた利通は明治二年（一八六九）早々に、政治改革の意見書を岩倉具視に提出した。

利通はこの意見書で、「今争乱が終わったばかりで、人心はまだ安定していない。したがって、政府が誠意をもって公正な政治をすることに努めれば、人民の支持が得られる」として、縷々《るる》述べた。ところが、太政官の現状を見るに、その遂行をさまたげる三つの大害があると危惧して、彼があげたのが表記の三項目であった。

その第一は、政治の大本が定まっていないので、政策にも定見がなく、右往左往、朝令暮改をくり返しているという大害である。

第二は、政治の成果をあげるには人材を適材適所に用いなければならないのに、登用の道が開けていなくて人事が混乱しているという大害である。

第三は、制度や規則を遵守して全員が精励しなければならないのに、政府内部にまとまりがないので、勤務状態が乱れて業務も進捗しないという大害である。

利通はこう批判し、これこそが政府不信を生み出すもとになるから、早急に改革しなければならないと提言した。

利通のこの改革路線には木戸孝允もまったく同意見であり、二人は協力して改革に取り組んだ。しかも、この三つの改革は、第二にあげた人材にかかっているとの見方も一致していた。そこで二人は、情実、縁故、藩閥といった無定見な登用を排し、全国から公平に採用する合理的な人事政策の確立を目指した。これによって、かつては敵対した旧幕臣にも能力発揮の場が与えられた。

また、人材の育成にも注力して学校制度の確立をいそいだ。この点で、利通はとくに西洋に学ぶことの重要性を意識して「洋行遊学の法を設けて人材をつくるを第一とす」と主張し、国費による留学制度の実現に力をいれた。

また、二人は広く教育の普及をはかるためには女子教育の重要性を意識して、明治七年（一八七四）には女子師範学校の設立にこぎつけた。これが、のちに東京女子高等師範学校となり、現在の「お茶の水女子大学」へとつながる。

参考文献
『大久保利通文書』日本史籍協会　『大久保利通伝』勝田孫弥（同文館）　『大久保利通』毛利敏彦（中公新書）
『未完の明治維新』坂野潤治（ちくま新書）

自由という人権思想に目覚めて啓蒙活動に邁進

福沢諭吉

【ふくざわ　ゆきち】

（天保五年～明治三十四年　一八三四～一九〇一）

語録

人生の自由は其の通義（権利）なりとは、人は生まれながら独立不羈《ふき》にして、束縛を被《こうむ》るの由縁なく、自由自在なる可き筈の道理を持つと言うことなり。

士農工商という封建制度に反発

福沢諭吉は幕末の激動期に可能なかぎり西洋知識の吸収に努めて消化・発酵させ、明治の近代化のなかで啓蒙思想家として活躍した。そのことを本人は、晩年に書いた『福翁自伝』の中で「西洋流の一手販売、特別エゼント」と言っているが、まさに西洋の文明文化を推進する代表選手であった。彼はまた、『自伝』の中で「門閥制度は親の仇でござる」と言っているが、士農工商という身分に縛りつけられた封建制度への反発が、ある意味では、自由や平等観のある西洋に傾倒する原点だったともいえる。

諭吉は天保五年、九州豊前の中津藩で下級武士の家に生まれた。しかも、三歳の時に父が死亡し、苦しい生活のなかで育った。これを抜け出すには学問しかないと、彼ははじめ漢学の勉強に身をいれたが、ペリーの来航で西洋に関心をいだき、蘭学に手をそめた。すると、まったく別の世界が開けていくようでどんどん興味がわいてきた。

諭吉は本格的に西洋を学ぶ気になり、当代きっての蘭学者と評判だった緒方洪庵が主宰する大坂の適塾に入った。やがて彼が塾頭になるほどの成績をおさめると、中津藩から帰藩の命令がきて、江戸の藩邸で藩士に蘭学を教えることになった。安政五年（一八五八）、彼が二十五歳の時である。

その二年後、幕府は日米修好通商条約批准の使節をアメリカに送ることになった。それを知った諭吉は、咸臨丸の提督として行く軍艦奉行木村摂津守に直接頼みこみ、従僕というかたちにしてもらって渡米した。初めての異国体験は、政治や社会の制度・慣習について理解できないことも多かったが、現場学問とでもいおうか、書物だけでは得られない貴重な収穫があった。

また、これが契機となって、諭吉は幕府に翻訳方として召しかかえられることになった。そして次には、文久二年（一八六二）翻訳方として、幕府の遣欧使節団に加わる機会にめぐまれた。この使節は、激しくなるばかりの攘夷勢力をそぐために、幕府が開港開市の延期交渉を目的に派遣したものだった。

通商条約では横浜、長崎、函館、兵庫（神戸）、新潟の開港、江戸、大坂の開市が規定されていた。そのうち、すでに横浜、函館、長崎は開港していたが、そのほかの開港開市の延期を条約各国に認めてもらおうというのである。そのため、使節団はイギリス、フランスなど数カ国を回り、旅程は一年におよんだ。

この間、諭吉は各国での見聞を事こまかにメモした。文明、文化、政治、経済といったもののあり方から西洋を認識しようとしたのである。しかし、それら事象の奥にある原理については まだ理解できない点も多く、彼は歯がゆい思いをした。彼はまた、幕府から支給された手当金で、各種の書物を買いこんだ。

帰国後、諭吉は見聞のメモと書物の検討をもとにして、『西洋事情』を書き、慶応二年（一八六六）に出版した。一般大衆を啓蒙して西洋に対する知識、認識を深めさせようとしたもので、斬新な内容が受けに受けて、今日流にいえばベストセラーになった。それにしても、当時、少しでも西洋を賛美するような行動をとれば、攘夷主義者にねらわれて暗殺されるおそれがあったから、この著書を出版するには相当の勇気と覚悟がなければならなかった。

表記の言葉は、その中に出てくる。士農工商の封建的身分制が当たり前と思われていた当時、「基本的に人間には差がなく、自由はすべての者に与えられている権利である」と喝破している。諭吉はこの著作では、日本にはまったく概念のない西洋の言葉の置き換えにも苦心している。ここでの言葉でも、「リバティ」は「自由」と訳したが、「ライト」は「権利」という言葉が浮かばず、「通義」と言っている。しかし、「門閥制度は親の仇でござる」と素朴に怒っていた諭吉の、思想的な成長がここには表されている。

文明開化の推進に近代的経済の発展を重視

語録

此の慶応義塾は（中略）世の中に如何なる騒動があっても変乱があっても、未だかつて洋学の命脈を断やしたことはないぞよ。（中略）此の塾あらんかぎり、大日本は世界の文明国である。

諭吉はさらにもう一回、海外を体験している。その三回目の海外渡航は慶応三年（一八六七）で、幕府がアメリカに発注していた軍艦を受け取る使節団の一員としてだった。諭吉はこの時も、一回目の渡米と同様に自ら進んでの参加であった。しかも彼は、無理算段して二千両の大金を用意して行き、書物を買えるかぎり買った。諭吉が持ち帰ったそれらの書物の中には、ウェーランドの『経済学要綱』、チェンブル刊の『学校および家庭学習用経済学』など、経済関係の原書が多く含まれ、彼の経済学への関心が高くなっていることがわかる。帰国した翌年、諭吉はそれまで藩邸内にあった塾を、芝新銭座（現浜松町）に移して拡張した。この時、塾名もつけることにし、元号からとって〝慶応義塾〟とした。義塾には、国家公共の役に立つ学問所の意味がこめられた。

諭吉は慶応義塾での講義に、早々と経済学を取り入れた。その当初のことであるが、一つのエピソードがある。塾が新銭座に移って間もない五月十五日、朝から新政府軍が上野に立てこもる彰義隊への攻撃を始めた。彰義隊は新政府に不満をもつ旧幕臣を中心に結成されており、新政府にとっては目の上のたんこぶのような存在であった。これを軍防局判事の大村益次郎が指揮して、討伐したのだった。

本郷の台地から上野の山に撃ち込む大砲の音が、義塾にまで殷々《いんいん》と響いてくる。諭吉は折からウェーランドの経済学を講義していたが、塾生たちは浮足だって落ちつかないようすになった。表記の言葉は、諭吉が平然と講義をつづけながら、塾生たちに訓戒したもので、『福翁自伝』に出ている。学問に対する彼の姿勢が見事なほどよく現れている。

諭吉はこのように、まだ日本には根づいていなかった経済学をいち早く重視して教育をしたので、慶応義塾からは明治の経済界で活躍する人材が輩出した。たとえば、三井財閥の中上川彦次郎、三菱財閥の荘田平五郎、貿易の朝吹英二、製紙の藤原銀次郎、電力の松永安左エ門等々、各業界のそうそうたる経営者は諭吉の薫陶を受けている。それはまた、現在の慶応義塾大学にまで伝統として息づいている。

諭吉は企業の組織運営の重要性も強調して、このような発言もしている。「西洋の人は知恵に比して集まれば立派な仕事をする。東洋の人は一人一人は知恵があるが、集まって仕事をするのは下手である」と。

つまり、企業というのは人間が構成する組織集団であり、構成員の知力の組み合わせいかんによって発揮する総力が違ってくると言っているわけである。その観点からみて、日本人は組織をつくり動かすのが下手だから、仕事の効果が大きくならないのは、当時はまことにそうであった。

諭吉のこの発言は、いうなれば欧米の企業は組織のアウトプットが大きく、日本の企業はそれが小さいとの指摘だろうが、これはきわめて今日的な課題でもある。

諭吉はまた、精力的に啓蒙書を刊行して、明治の文明開化をリードした。なかでも代表作として知られるのが、明治八年（一八七五）に出した『文明論之概略』である。

この著書は日本を文明へと進ませることを強く意識して書いたもので、経済に関する記述も多い。その一例であるが、諭吉はこう言っている。

「利を争うは即ち理を争うことなり。今、わが日本は外国人と利を争うて理を闘わするの時なり。内に居て澹泊《たんぱく》なる者は、外に対しても亦《また》澹泊ならざるを得ず。内に愚鈍なる者は、外に活発なるを得ず」と。

これは、経済的基盤の確立なしには文明国家としての独立はあり得ないとする諭吉が、経済活動における利潤追求を理論化したものといえよう。利を得るには理、すなわち、ことわり（理・道理）にかなった方法がなければならない。そうした正当な活動で企業が競ってこそ健全な経済・社会の発展があるというわけで、まさに競争原理の真髄を突いていると思う。グローバリゼーションの叫ばれる現在、いよいよもって利イコール理で押し出していかねばなるまい。これまた今日的な課題である。

参考文献
『福沢諭吉選集』（岩波書店）　『福沢諭吉』会田倉吉（吉川弘文館）　『福沢諭吉』小泉信三（岩波書店）　『文明開化』飛鳥井雅道（岩波新書）

徳川宗家の存続を一命にかえて嘆願した元の御台所

天璋院篤姫

【てんしょういん　あつひめ】
（天保七年～明治十六年　一八三六～一八八三）

語録

只々徳川の儀は大切の御家柄、この段幾重にも御汲み分け、何れにも徳川家安堵致し候様、御所へ御執り成しの程、折入って御頼み申し候。私事、徳川家へ嫁しつき候上は、当家の土となり候は勿論、（中略）兎に角この度の事御取り扱い下され候わば、私共一命相救い下され候よりも猶重く、有り難きことこの上の悦び御座無く候。

徳川将軍の御台所すなわち正室は、歴代、公卿の姫君から選ばれるのが通例であった。ところが、十三代将軍家定の御台所になった篤姫は、その通例から大いにはずれていた。異例といってもいい。出身は外様の薩摩藩であり、しかも島津本家ではなく、分家の今和泉《いまいずみ》島津家であった。

この縁組は、当時最強の雄藩と見られていた薩摩藩を幕府側に取り込もうとしたのであろう、幕府から持ちかけられた。

ときの薩摩藩主島津斉彬《なりあきら》は、これを受け入れた。彼は当時きっての開明藩主であり、守旧的になっている幕政を改革するのに、この縁組によって幕府と関係が深くなることを望んだのである。しかし、自分には娘がいないので、分家の娘を自分の養女とし、さらには公卿近衛家の養女として、将軍家に入輿させたのだった。これが篤姫で、安政三年（一八五六）に御台所として江戸城大奥の人になった。歳は二十一であった。

女性としてはこれ以上は望めない高貴な身分。しかし、それからの篤姫は、幸福とはいえない事態の連続であった。

まず、御台所にもっとも期待されるのは、将軍の世継ぎを産むことであった。だが、篤姫の場合は、そうはいかなかった。なぜかというと、夫である家定は病弱なうえに少し知的障害もあって、子づくりという期待がほとんどもてないからであった。そのようなわけで、彼女が御台所になった頃にはすでに、次の将軍候補を誰にするかという、いわゆる将軍継嗣問題が浮上していた。これには、血統をなによりも重視する一派と、血筋の濃さよりも人物の英明さを本位とする一派の対立があった。篤姫の養父である斉彬は人物本位派に加担して、英邁の人とされていた一橋慶喜《よしのぶ》を候補にすることに熱心であった。そのため、篤姫にも協力が要請され、彼女はこの政争の一端を担って苦労させられた。

結局、将軍候補には、家定の従兄弟で紀州藩主の徳川家茂《いえもち》が決められ、病弱であった家定自身はそれから間もない安政五年（一八五八）の七月に逝去した。篤姫は御台所となってわずか三年、髪をおろして天璋院を名のった。

次の十四代将軍となった徳川家茂はこのとき十五歳。その二年後の文久二年（一八六二）には、孝明天皇の御妹君和宮が降嫁して将軍家茂の御台所となった。御歳は将軍と同じ十七歳であった。この時、篤姫は二十七歳。その若さで、世俗的にいえば姑になったわけである。しかも嫁の立場の和宮はやんごとない出であり、生活習慣も武家風と御所風では大いにちがう。それでも、天璋院篤姫は前の御台所として、毅然たるふるまいをつらぬかねばならない。さぞ気苦労したことであろう。

苦難はさらにつづく。慶応二年（一八六六）の第二次長州征伐の最中に、将軍家茂が大坂城で急病で逝去した。そして徳川慶喜が十五代将軍に就任し、これで落ちつくかと思いきや、翌年の十月には大政奉還のやむなきにいたり、徳川家は将軍家ではなくなった。そのうえさらに、年明けの慶応四年（一八六八）早々、旧幕臣たちが鳥羽・伏見の戦を起こして、しかも敗北し、徳川家ならびに旧幕臣は朝敵になってしまった。

新政府は東征軍を組織し、京都を進発した。その主力をなすのは薩摩藩の軍勢であった。そこで問題になったのが、天璋院篤姫の処遇である。薩摩への帰藩を願って、敵になるのを回避するのがいちばんのぞましい。しかし、篤姫はこれをきっぱりと断った。嫁した先に殉じることこそ婦道との信念からであったのだろう。彼女はそして、二月の下旬だったが、東征軍の参謀になっていた西郷隆盛に宛てて、徳川家に対する処分を寛大にし、家名存続を朝廷に斡旋してくれるようにと懇請する書状を出したのだった。表記はその一部であって、一命に代えても、と覚悟のほどを披瀝している。

その後、西郷・勝の会見などがあり、江戸総攻撃は中止となり、四月十一日に江戸城は無血開城した。さらにその下旬には、御三卿の田安亀之助がわずか五歳の身で徳川家達《いえさと》として徳川宗家を相続することが許された。

これで篤姫の願いはかない、それからの彼女は、家達の養育に全身をうちこんだ。

参考文献
『天璋院篤姫』寺尾美保（高城書房）　『天璋院篤姫のすべて』芳即正（新人物往来社）　『徳川将軍家の結婚』山本博文（文春新書）

第四期

版籍奉還から中央集権近代国家へ

明治元年（一八六八）～明治五年（一八七二）

◉鳥羽・伏見の戦から戊辰戦争へ

徳川幕府の政治が終息し、王政復古の大号令が発せられた。それが慶応三年（一八六七）の十二月で、翌年一月には政体が王政、すなわち天皇の許での政治になったことを、各国の公使にも通告した。また、この年九月には元号も明治と改まり、日本はいよいよ近代国家の建設に向けてスタートした。しかし、その近代化は一本調子に進んだわけではなかった。

幕府は消滅したとはいえ、旧幕臣は残っており、新政府を薩摩・長州が牛耳る藩閥政府であると批判する分子も多い。また、諸藩の中にも、同様に見て、新政府を否定する藩もあった。

一方、新政府側にも、旧幕府勢力が温存されたままの状態を危惧する向きも強かった。勢いが盛り返す前に、武力で壊滅しようという意見が大勢を占める状況だった。

王政復古の大号令から一カ月もたたない翌年一月に、それは現実のものとなった。旧幕臣一万数千が武力を整え、大坂城から京都に向かって進発し、それを薩長の藩兵が迎え撃つ鳥羽・伏見の戦となった。これに勝利した新政府は武力行使の大義名分ができたとばかりにさっそく、東征軍を組織して有栖川宮熾仁《ありすがわのみやたるひと》親王を大総督とし、西郷隆盛を参謀に任命して、江戸に向けて行軍した。

この鳥羽・伏見の戦に始まり、翌年の五稜郭の戦の終結までを戊辰戦争と呼ぶが、まかり間違えば天下を二分する内乱になるおそれがあった。そのような内戦になるのを阻止しようとして活動をしたのが勝海舟であった。そのために、彼が西郷隆盛と談判して江戸城を無血開城した意義は大きかった。

江戸城には主戦派の旧幕臣が多く残っており、城明け渡しを拒んで新政府軍に徹底抗戦したら、戊辰戦争は一気に拡大し、収拾のつかない内戦状態になること必至であった。そうなると外国勢力の介入も避けられなくなり、イギリスは新政府に加担し、フランスは旧幕府側を援助して、内戦はますます混沌として、国内は疲弊しきってしまう。その結果、日本が植民地化される……。このことを憂いて、海舟は内乱と植民地化の防止に命をかけたのだった。

◉江戸城の無血開城で内乱の拡大を防止

大政奉還によって老中制度がなくなると、海舟は盟友の大久保一翁とともに総裁という最高幹部に就任し、恩顧を受けた徳川幕府を自らの手で終息させるというめぐり合わせになった。彼はこの役割を、内乱の拡大を防ぎ、かつ江戸も火の海にならないで決着すべく、江戸城の無血開城で果たそうとした。しかしこれは、旧幕臣の主戦派からも、新政府軍の強硬派からも生命をねらわれる危険がともなった。

海舟はその危険をかえりみず、まず剣豪として知られる山岡鉄舟を使者として、駿府まで進軍してきていた新政府軍の参謀・西郷隆盛のもとにつかわした。海舟は鉄舟に託した要望書の中で、「幕府側の人間も政府側の人間も、同じ日本人であることに変わりはない。それが国内で兄弟牆《かき》に鬩《せめ》ぎ合うような争いをして、外国勢力につけ入る隙《すき》を与えてはならない」と真情を吐露した。受け取った隆盛もこれにはうたれるものがあったのだろう。江戸の品川まで進軍してきた隆盛は、三月十三日、十四日の二回にわたって三田の薩摩藩邸で海舟と談判を行った。海舟はここで次のことを強く要望した。——徳川宗家の存続、前将軍慶喜《よしのぶ》に対する刑を軽減して謹慎、旧幕臣に対する寛典。いずれもが容れられて、海舟は江戸城の無血開城を一命にかけて約束した。

この談判成立で、隆盛は翌日に迫っていた江戸総攻撃を中止し、海舟は大久保一翁とともに主戦派を誠心誠意説得して、城外への退出を果たした。談判からほぼ一カ月後の明治元年(一八六八)四月十一日、江戸城大広間で受け渡しの儀式が行われ、平和裡に江戸城は開城した。また、この日の早朝には徳川慶喜が上野の寛永寺を出て、謹慎する水戸に向かった。

こうして、江戸の街は火の海から救われ、内乱も拡大するのを免れた。それからも、戊辰戦争は彰義隊との上野の戦、会津若松の戦などがあり、翌二年五月の五稜郭の戦が最後となったが、幸いにもすべて局地戦に終始した。おかげで、外国勢力が介入する隙はなかった。

◉五箇条の御誓文と版籍奉還

ここからいよいよ新しい統一国家としての諸施策が始まるのだが、それまでにもすでに手はうたれつつあった。

明治元年の三月十四日には、まず新政府の理念あるいは基本方針というべき「五箇条の御誓文」が発布された。この草案は、開明思想家・横井小楠《しょうなん》の指導を受けた福井藩士の由利公正《きみまさ》がつくり、最終的には、新政府に出仕したばかりの木戸孝允《たかよし》がまとめた（後述の由利公正の項、194頁参照）。

続いて、木戸孝允が中心になって企図し、実現させたのが版籍奉還であった。彼は統一国家の基盤を固めるには、なんとしても封建制を廃止しなければならないと考えた。そこで彼は、輔相《ほしょう》の三条実美《さねとみ》と岩倉具視《ともみ》に建白して、次のように述べた。

「今争乱が起こっているが、迅速に終わらせて、天下の大典に拠らなければならない。そもそもご一新の政治は無偏無私で人民を安心させ、外に向けては世界各国と対等に交流して、国家を安泰にすることである。そのためには、七百年つづいた封建制度を一掃して、三百諸侯から版籍を還納させるべきである。それを断行しなければ、ご一新の意味がなくなる」

封建制度の温存、すなわち諸藩をそのままにしていたら、天皇親政の統一国家を謳ってみても、日本国としての一体感は出ないし、西洋先進国に伍して行くこともできない。

孝允のこの建言書を受け取った三条実美は驚いた。なにしろこれは、各藩主が既得権利として持っている版（領地）と籍（領民）を放棄させることである。

まだ新政府の基盤も固まっていないのに、このような意見がもれたらどうなるか。しかもまだ、戊辰戦争も完全には終わっていない。もし諸藩が旧幕府側に寝返ったら……。思うだに恐ろしくなり、実美はしばらく秘して様子見を決めこんだ。

孝允はそれに屈することなく、自ら自藩の藩主に説くなど積極的に動いた。彼の考えに同意する薩摩の大久保利通、土佐の板垣退助、肥前佐賀の大隈重信もそれぞれ藩主を説得した。封建制を当然とする藩主に、時代の趨勢を理解してもらうのは容易ではなかったが、これが功を奏し、明治二年（一八六九）の一月、まず薩長土肥の四藩主が版籍奉還の上奏をした。雄藩の行為に、諸藩主も遅れをとるまいとばかりに同調した。それから半年後には全藩の版籍奉還が完了し、統一国家づくりはさらに一歩進んだ。

◉廃藩置県で中央集権をより強固に

とはいえ、藩という名称は残り、藩主がそのまま藩知事になるなど、旧体制が一気に払拭されたわけではなかった。より強固な統一国家を建設するには、財政・民政・司法・軍事などすべての行政を中央政府が集中的に実施できる体制をつくらなければならない。すなわち、中央集権体制の確立であり、それには完全に藩意識を払拭する必要がある。そこで構想されたのが〝廃藩置県〟であった。

〝維新の三傑〟といわれる木戸、大久保、西郷はその考えを同じくし、それをどう実現させるかを協議した。なにしろ旧藩主は藩知事という地位も失い、旧家臣は仕える主君を失う。これだけでも反抗が起こりかねない。そこで一つの懐柔策として考えられたのが、旧藩主のすべてに、皇族に次ぐ貴族として華族の称号を与えることであった。そのような方策をとりながら、いよいよ断行のほかなしとなって、

「それでも、もし諸藩に抵抗の気配が起こったらどうするか」

と木戸や大久保が危惧すると、西郷が言い切った。

「親兵をもって撃ちつぶすだけだ」

親兵は天皇直属の軍で、歩兵・砲兵・騎兵から編成され、西郷のこの断言より数カ月前の

明治四年（一八七一）二月に発足したばかりであった。薩長土の藩兵を主体とし、西郷が最高責任者であった。

西郷のこの断言で、廃藩置県を断行する意志は固まり、その実施へと動きは急速に進んだ。明治四年七月十四日、天皇が皇居の大広間に出御され、在京中の全藩知事を前に、輔相の三条実美が詔書を読み上げた。

「朕《ちん》惟《おも》うに更始《こうし》の時に際し、内以て億兆を保安し、外以て万国と対峙せんと欲せば、宜しく名実相副《そ》い、政令一に帰せしむべし。朕さきに諸藩版籍奉還の議を聴納し、新たに藩知事を命じ、各その職を奉ぜしむ。然るに数百年因襲の久しき、或いは其の名ありて其の実挙らざるものあり。何を以て億兆を保安し、万国と対峙するを得んや。朕深く之を慨す。仍《よっ》て今更に藩を廃し県と為す。是務《つとめ》て冗を去り簡に就き、有名無実の弊を除き、政令多岐の憂い無らしめんとす。汝群臣其れ朕が意を体せよ」

この時点で全国二六一藩と藩知事がなくなり、県が置かれて、中央政府から任命された県知事が地方行政を担うことになった。これが廃藩置県で、中央集権体制の近代国家づくりは、ここに格段の進展を見た。

◉西洋に負けるなとばかりに文明開化

政治体制が固まっていく一方で、明治の近代化にはもう一つ大きな特色として〝文明開化〟政策がある。

この文明開化という言葉は、福沢諭吉の造語であるが、彼はこれを中国の古典からとった。「文明」は、人間世界の文化が発達して光明が増すことを意味し、『管子』や『易経』に出ている。「開化」は、風化教導して世の中が進歩することを意味し、『定命論』という経典に出ている。諭吉はすでにこの言葉を、『西洋事情』の中でも用い、「歴史を察するに、人生の始めは莽昧《もうまい》にして、次第に文明開化に赴くものなり」と書いている。

明治新政府はこの考えを新政策としてとり入れ、具体的には様式（形に見えるもの）と意識（形に見えないもの）の両方から実現を進めた。

明治元年（一八六八）七月、江戸を東京と改称して首都とし、翌二年三月には明治天皇が京都を出て、国民の前に姿を見せつつ遷都したが、これも文明開化のはしりといえよう。

そして、文明開化は生活関係、社会公共関係、学校制度などでさまざまに施策された。それらの一部をここにとり上げてみると――。

○生活関係
・これまでタブー視されていた牛肉などの西洋式食事が奨励された。
・洋服の着用も奨励されて、太政官布告では、礼服は洋服と定められた。
・頭髪は、丁髷を廃して断髪とした。これをザンギリ頭と称した。
・これまでの身分制では農工商にはなかった苗字が許され、かつ職業の選択が自由になった（自由・平等観の表れの初期段階ともいえる）。
・国際結婚も認められた。
○社会公共関係
・新貨条例で通貨制度を改革。すなわち、旧来の両・分・朱・文の四進法から、円・銭・厘の十進法にし、外貨との交換を合理化した。
・鉄道敷設を急務として、横浜（桜木町）—東京（新橋）間が開通した。
・東京—横浜間に電信も開通し、やがて郵便も開始された。
・全国に五十数個所あった関所を廃止して、通行の自由を実施した。
・銀座を開化のモデル地区として、西洋風の煉瓦造りの街並みにした。
・太陰暦を廃して太陽暦を採用し、西洋と共通する暦法にした。

○学校制度

・「学事奨励に関する被仰出書」を出して、国民すべてが教育を受けられる義務教育を施行した（たちまち小学校が全国につくられ、早くも明治八年（一八七五）には二万四二二〇校になったという）。

・女子教育も奨励された。

・中学校から大学までの上級学校も設立が進められた。

○意識面

・書籍の普及などで、意識改革をめざした。

・明治六年（一八七三）には森有礼《ありのり》や福沢諭吉らが明六社を結成し、文明開化の意識面の啓蒙を行った。

拙速の観は免れなかったが、以上のように西洋に追いつこうとする文明開化が鋭意進められた。そして、そのありさまを茶化すかのように、

〝ざんぎり頭をたたいてみれば、文明開化の音がする〟

という俗謡もはやった。また、政治にしろ、文明開化にしろ、経済力が伴わないと軌道にのせられないが、その点はこの次の第五期で大いなる展開を見せることになる。

新政府の理念表明「五箇条の御誓文」の原案を起草

由利公正

【ゆり　きみまさ】
（文政十二年～明治四十二年　一八二九～一九〇九）

語録

一、庶民志を遂げ人心をして倦ましまざらしむるを欲す。
一、士民心を一にして盛んに経綸を行うを要す。
一、知識を世界に求め広く皇基を振起すべし。
一、貢士期限を以て賢才に譲るべし。
一、万機公論に決し私に論ずるなかれ。

明治新政府が発足して間もない明治元年（一八六八）三月、「五箇条の御誓文」が発布された。これは、新国家の政治の基本方針を天皇御自ら神前に誓い、天下に示されたものであった。

この御誓文は最終的には木戸孝允《たかよし》がまとめたことで知られるが、そもそもの原案を起草したのは、越前福井藩士から新政府の参与になった由利公正（三岡八郎から改名）であった。公正は文政十二年の生まれで、少年期から文武を学ぶことに熱心であった。ペリーの黒船が来航した嘉永六年（一八五三）には、ちょうど江戸詰めになっていて、品川海岸の警備に駆り出された。彼はここで、黒船の持つ威力に驚き、日本もこうあらねばならぬと意識し、以来西洋の知識収得に努めた。

そして、早くも翌年には藩主松平慶永《よしなが》（春嶽）に進言して兵器製造掛となり、鉄砲製造所と火薬製造所を設立した。この時、公正は二十五歳であった。

ここでは、もっとも多いときには一二〇〇人もの職工が働いたという。その費用捻出に、公正は養蚕を奨励し、特産物の蚊帳や紙に改良を加えて藩外に販売するなどしたという。のちに明治新政府で財政家として知られる彼の片鱗を見せた腕前とでもいえようか。

この実践からも察せられるように、機を見るに敏な公正は、開明思想家の横井小楠《しょうなん》が福井藩の顧問に招かれると、早速、政治の改革について指導を受けた。

小楠は、幕府の独裁はもはや不可として、公議政体論を唱えていた。これは公武合体して雄藩も参加する政治体制で、一種の共和政治による統一国家論であった。公正は小楠のもつこのような政治思想に強く影響を受けた。

やがて将軍慶喜《よしのぶ》が大政奉還し、王政復古の大号令が発せられて、明治の新政府が発足した。召命を受けて出仕した公正は、岩倉具視《ともみ》に「議事之体大意」というものを提示した。その意図するところの一つは、新政府の方針を諸侯に納得させることにあった。幕府は消滅したとはいえ、藩体制は残っているので、諸侯の反発は絶対にさけねばならなかった。同時に、広く国民に新政府の進路を示し、体制を固める必要があった。この建言書の中で、彼が箇条書で五つあげたのが表記の言葉であった。

公正とまったく同じ意識をもっていたのが木戸孝允であった。しかも、孝允は天皇親政の意識をより強くもっていた。そこで彼は、公正の原案に手を加え、誰でもが理解できるよう簡略にして要領のよい条文にまとめた。

一、広く会議を興し万機公論に決すべし。
一、上下心を一にして盛んに経綸を行うべし。
一、官武一途庶民に至る迄其の志を遂げ人心をして倦まざらしめんことを要す。
一、旧来の陋習を破り天地の公道に基くべし。
一、知識を世界に求め大いに皇基を振起すべし。

これが今日よく知られている「五箇条の御誓文」である。そして、公正の原案ともっとも大きく違うのは、公正が最後に置いた「万機公論に決し私に論ずるなかれ」を、孝允は冒頭に置いて「広く会議を興し万機公論に決すべし」としたことである。

つまり、天皇親政であるが、決して専制ではなく、広く衆議を聞く政治をすることを強調した。

さらにこれの発布の形も、天皇が自ら天地の神に誓うという儀式にした。明治元年三月十四日、明治天皇は親王、公卿、諸侯を率いて紫宸殿に昇り、五箇条を読み上げて天神地祇に新国家の基本方針を誓ったのである。

この日は奇しくも、江戸では勝海舟と西郷隆盛が江戸城明け渡しの談判を成立させ、江戸が火の海になるのを防いだのと同じ日であった。

なお、明治元年に発行された日本最初の紙幣「太政官札」も、公正の建言による業績であった。今日では紙幣はまことにあたり前であるが、その時は初めて見る紙幣に人々は「紙切れがお金になるなんて」と、大変不評であったと記録されている。

参考文献
『由利公正』芳賀八弥　『若越之偉人』石橋重吉　『我等の郷土と人物』福井県文化誌刊行会

外交問題の解決にも手腕を発揮した国際派

大隈重信

【おおくま　しげのぶ】
（天保九年〜大正十一年　一八三八〜一九二二）

語録

もっとも善良な外交は、正義を土台にするということである。正義の力は強いもので、必ず世界の公論の同情を得る。

大隈重信は、大蔵卿や外務大臣、総理大臣を歴任し、また教育関係では東京専門学校（のちの早稲田大学）を創立するなど、明治になってからの事蹟はよく知られている。それにくらべて、幕末の活動はあまり知られていない。それは実際に目ぼしい活躍がないからであるが、その理由は出身の佐賀藩の特異性による。

佐賀藩といえば、「武士道とは死ぬことと見つけたり」の葉隠精神が有名だが、その『葉隠』の冒頭には、「釈迦も孔子も楠木も信玄も、かつて鍋島家に奉公したる事なき人々なれば、崇敬するに足らず」とあり、ひたすら藩主鍋島家に忠節を尽くすことを本分としてきた。

また、幕末期に藩主だった鍋島直正（閑叟《かんそう》）も、西洋技術を積極的にとり入れて産業振興を図るなど藩政改革には熱心だったが、すべてが藩中心主義で、人材も藩外にはいっさい出そうとはしなかった。いうなれば、非常にセクショナリズムの強い藩であった。

そういう風土の佐賀藩で、重信は天保九年に上級藩士の家に生まれた。七歳で藩校弘道館に入り、漢学を学びはじめると、たちまち頭角を現し、注目されるようになった。彼はその後、国学も学び、さらには西洋への関心を高めて、十九歳からは蘭学寮で蘭学の修業に就いた。その進歩が認められて、文久元年（一八六一）二十四歳の時、長崎遊学を許され、アメリカの宣教師でかつ学者であるフルベッキについて英学を修めた。ここでの収穫は大きく、彼は西洋先進国の政治・法律・財政などの知識を得た。

世界の大勢に眼を開いた重信は、藩の枠を超えて活動しようとし、藩主にも中央政局に進出するよう進言したがいれられなかった。彼は我慢しきれず、慶応三年（一八六七）ついに脱藩して京都に上った。同藩士で同志の副島種臣《そえじまたねおみ》も同行した。彼らの目的は、新しい日本をつくるために幕府に大政を返上させようとする工作だった。しかし、追ってきた藩吏に捕らえられて、謹慎を命じられた。

重信がようやく維新の舞台に登場したのは王政復古の大号令が出た後、元号も慶応から明治に変わった元年（一八六八）であった。朝廷は諸藩から人材を集め、彼は佐賀藩から選ばれて徴士参与となり、外国事務局判事として長崎在勤となった。三十一歳であった。

ここで早速に起こったのが、キリシタンの弾圧事件だった。外国代表団は、新政府の外人排斥主義が信徒弾圧を引き起こすのだ、と強く抗議した。それをめぐって、日本政府代表団と外国公使代表団が談判の席に着いた。重信は西洋知識の豊富さを買われて代表の一人に選ばれていた。ところが、英国公使パークスが、彼の判事という身分の低さを問題にし、「かような下級官吏とは対等に交渉はできない」、と交渉を拒絶しようとした。

これに対して、重信はひるむことなく、こう切り返した。

「貴殿が英国皇帝の御名によって英国政府を代表するごとく、我輩も同じく天皇の御名によって日本政府を代表する者であり、まったく対等の立場である。しかるに身分の高下を理由に交渉を拒否するのであれば、これまでの抗議を全面撤回したものとみなすが、よろしいか」

これにはパークスも返す言葉を失った。

続いて重信は、キリシタンの処分は日本の国法に基づくべきであり、あくまで内政問題であるから、外国の干渉は不当であるとして、談判を日本側の有利に導いた。

これによって、重信は明治新政府の首脳部に認められ、中央政界に進出したのだった。表記の言葉は、『文書より観たる大隈重信侯』の中に出るが、のちに重信が外務大臣に就任して外交方針演説を行ったときのものである。政治であれ、企業活動であれ、国際的な交渉では〝正義を土台とする〟、すなわち正々堂々とやってこそ通用するのであって、姑息な手段など弄する必要はないとの喝破である。

重信は明治二年には大蔵省に転じて、六年には大蔵卿に昇りつめた。そして、地租改正や秩禄処分などを手がけた。しかし、十四年、官有物の払い下げに反対して、薩長勢力と衝突し、野に下った。

早稲田大学の前身である東京専門学校を創立するのは、翌十五年であったが、一方では政治活動も続け、ついには総理大臣にも就任した。大正十一年（一九二二）に、八十五歳の生涯を終えた。

参考文献
『大隈侯昔日譚』松枝保二（報知新聞社）　『大隈文書』早大社会科学研究所編　『大隈重信』中村尚美（吉川弘文館）

反幕運動を貫き統一国家実現に貢献した理性的政治家

木戸孝允

【きど　たかよし（こういん）】

（天保四年～明治十年　一八三三～一八七七）

吉田松陰の実学精神を受け継ぎ政治変革を志向

語録

人の巧を取り我が拙を捨て、人の長を取り我が短を補う。これは即ち天地間当然の理と存じ申し候。

木戸孝允は、幕府を倒すのに長州藩の代表として活躍し、薩摩の西郷隆盛、大久保利通と並んで〝維新の三傑〟と称せられる。木戸は、もともとの姓は桂で名は小五郎といった。木戸は、のちに藩主毛利敬親《たかちか》からもらって改名したものである（幕末の活躍は桂小五郎の方が通りがよいが、ここでは木戸孝允で通す）。

孝允は天保四年、長州藩の萩で医者の家に生まれ、幼い時に上級藩士の桂家の養子になった。彼は十七歳で藩校明倫館に入り、吉田松陰の教えを受けた。その期間は短かったが、受けた影響は多大なものがあり、彼は終生松陰を師として尊敬した。一方、松陰は三つ年下の孝允を弟子というより、志を同じくする友人として遇した。

孝允が松陰から受けた影響の最大のものは、時代を洞察し、理念の実現を志向するという実学精神であった。師の松陰のそれは、幕府にはもはや日本を一家として政治をする能力を失っているので倒し、統一国家として政治のできる新しい政府をつくるべきだ、というものであった。孝允はその志を継いで活動したのだった。

また、松陰は知識を増し時代を洞察するのに、旺盛な知的好奇心をもちつづけた。孝允はそれも受け継いだというか、それが旺盛であった。ここでは、そのあらわれの一端として、ペリーの黒船が来た当時の逸話を取り上げてみよう。

孝允はペリーが来航した時は江戸の藩邸にいたが、幕府が品川沖に砲台場を築くことになると、なんとかしてその現場の様子を知りたいと思った。

幕府はペリーに威嚇されても、対抗できる軍艦は一隻も持っていなかった。そこで窮余の一策で始めたのが、品川沖に人工島をいくつか造成し、砲台場にすることだった。ペリー来航の二カ月後から、背後の高輪の山を削り、延べ五千人の人夫を動員して埋立工事が始まった。だが、秘密主義の幕府は、この実態を諸藩に知らしめようとはしなかった。

そこで孝允は身分を隠して、築造の責任者である砲術師範・江川坦庵の弁当持ち人足にしてもらい、工事現場に日参した。彼はいつも頬かぶりをしていたが、ある時、品川の茶店の婆さんが彼の顔をまじまじと見て、「お前さんはそんななりをしているが、ただのお人ではないね」と言ったという。もし身分が割れたら、長州藩は密偵を放って幕府の動向を探っているということになり、どんなおとがめを受けるやもしれない。彼はむきになってうち消したとのことである。それにしても、孝允はこれだけの危険をおかしても、未知の知識をつかもうとしたのである。

さらに安政二年（一八五五）に、伊豆地方に大地震が起こり、ちょうど下田に来航していたロシアの軍艦が津波に翻弄されて大破した。幕府は伊豆西海岸の戸田で、ロシア人指導のもとにスクーネル型の洋式船を建造し、ロシア人一行を送り返すことにした。孝允はその造船技術も自分の目で確かめようとして、現地でつぶさに観察した。

その頃、師の松陰は海外密航を企てた罪を問われて郷里の萩の獄中にあったが、孝允はしばしば書を送った。その中で彼は、「日本は神州だと言って、西洋から学ぶのを恥とするような風潮があるのは痛哭のかぎりです」と嘆き、つづいて表記の言葉を綴った。

なんと発想が松陰と似ていることか。実学精神にみちていて、体当たり的に経験し、検証しながら知識を増していこうとする。こういうのを行動的理性といえばいいかと思う。孝允は最初はこのように、西洋列強に対抗するにはわが方も優秀な技術をもたねばならないと考えて、洋式の兵術、砲術、造船術などに関心をもった。しかし、視野が広まるにつれて、海防ひとつにしても全国的な規模で施策ができない幕藩体制の欠陥に突き当たり、政治変革を志向していったのだった。

〝薩賊会奸〟の憎しみを超えて薩長連合

語録

天下の形勢もここに至り候については、片時も迅速に大権朝廷へ相帰し申さずては、他日天下幕（幕府）と仏（フランス）との術中に陥り候儀は必然と愚考、いかにも懸念に堪えず候。かかる上は何とぞ夷狄《いてき》も朝廷の夷狄にあそばされ候だけの御権これなくては相かなわず候。

孝允は松陰亡き後、高杉晋作や久坂玄瑞《くさかげんずい》ら松下村塾出身者を主たる同志としてまとめ、反幕尊王の旗幟《きし》を鮮明にしながら革新運動をつづけた。彼はまた、その主張を藩首脳部に説いて藩論にすることにも成功し、藩の中で重きをなすようになった。さらには、朝廷にもくいこみ、政治への関与や御所の警護など長州藩を時世の大舞台に登場させた。

しかしこれは、公武合体派からすれば、もっともはね除けなければならない反対勢力である。その策謀を公武合体派の公卿と会津、薩摩が隠密裡にすすめ、文久三年（一八六三）の八月十八日にクーデターを起こした。いわゆる八・一八の政変で、長州藩と尊王反幕の公卿が朝廷を追われたのだった。

長州藩は勢力の挽回をはかり、翌年七月、藩家老が自ら藩兵を率いて上洛、天皇に直訴しようとした。これを御所警護の会津、薩摩の藩兵が阻止したため、宮門を挟み戦闘となった。結果は、長州側は敗北し、しかも御所に弓を引いたとして朝敵の汚名をこうむったのだった。

幕府はこれを好機として勅許を仰ぎ、長州征伐の出陣を諸藩に命じた。この時、総参謀に任命されたのが西郷隆盛であったが、すでに隆盛の項や第三期の概要でも書いたように勝海舟が隆盛に戦うべきでないことを委曲をつくして説いた。隆盛もそれを了解し、種々手をつくして、長州征伐を中止にもちこんだ。

しかし、幕府はこれを不満とし、長州再征の勅許を得て、再び諸藩に出陣を命令した。ところが、どの藩も戦意はなく、出兵の態勢は容易には整わなかった。

この推移を見守っていて、薩長連合の実現工作に動いたのが坂本龍馬であった。このことも、坂本龍馬の項で書いたが、なにしろ犬猿の仲になっている薩摩と長州であるから、一筋なわでいくものではなかった。とくに、苦汁をなめさせられた方の長州は連合をしぶった。しかし、孝允は最後には龍馬の説得に応じた。その理由の一つには、フランスのロッシュ公使の動きがあげられる。

ロッシュは植民地の行政を得意とする外交官であった。元治元年（一八六四）日本に赴任すると、ただちに積極的に幕府に接近し、幕府独裁の政権確立の方策を進言するなどした。そのための資金援助も惜しまなかった。

孝允はこれを、日本がフランスに牛耳られる危険をはらんでいるとみて危惧していた。表記の言葉は、京都でひそかに幕府の情勢をさぐっていた品川弥二郎にあてた手紙の一節であるが、そのことを端的に語っている。そして、もはや幕府をなきものにする以外に、日本を救う道はないと断言している。その危機感が、憎しみを超えて孝允に、薩摩と手を結ぶ決心をさせた要因の一つである。

幕府にとって薩長連合は大きな打撃であった。もっとも頼みにしていた薩摩藩が、出兵を拒否してきたのである。そこで幕府がどう出たかというと、戦わずして長州藩を屈伏させようとして、絶対的恭順を強制する策にでた。まさに窮余の策であり、そのなかで反幕の中心人物たる桂小五郎と高杉晋作の引き渡しを要求した。

長州側はそれをかわすため、藩主毛利敬親が桂を木戸に、高杉を谷に改名するよう命じた。そして、桂とか高杉という人物は藩内にはいない、とつっぱねた。なるほど、名前のうえでは存在しない理屈である（木戸はこの時以来、桂姓を捨てた）。

近代国家の基盤づくりに版籍奉還、廃藩置県を断行

語録

至誠至公の心をもって七百年来の積弊を一変し、三百諸侯をしてその土地人民を還納せしむべし。しからずんば、一新の名義、いずくにあるかを知らず。

結局、長州征伐は慶応二年（一八六六）の六月に始まった。勅許を得てから、なんと一年がかりの出陣であった。これを第二次長州征伐という。

孝允はこのとき三十四歳であったが、藩政の頂点に立っていた。この若さでそこまでになったのは、人をたばねるのがうまいという統率力、何手先も読んで布石できる理性的な判断力、しかも危険をかえりみない行動力、それらが総合してのことといえる。

この長州征伐に幕府は失敗し、これまで天下を牛耳ってきた権力も権威も失墜した。追い

つめられた幕府は翌慶応三年（一八六七）には大政奉還のやむなきにいたり、これをうけて朝廷は王政復古の大号令を出した。その翌年には元号も明治となり、明治新政府が樹立した。孝允はすぐに召命を受けて、新政府の太政官に入った。

孝允はここで、徴士から参与、参議と昇進し、開明派官僚としてさまざまな改革に取り組んだ。そのなかで彼がもっとも喫緊事としたのは、封建制の廃止だった。それに代わる国家構想として彼が描くのは、強固な中央集権によって政治ができる近代的な統一国家であった。明治元年（一八六八）の五箇条の御誓文、二年（一八六九）の版籍奉還、四年（一八七一）の廃藩置県などに、孝允が先頭にたって精力的に活動したのは、中央集権統一国家の基礎づくりを目指してのことだった。表記の言葉は、版籍の奉還を焦眉の急と考える孝允が、太政官に出仕した直後に早くも建白した上書の一節である。

封建制度を温存すれば、天皇親政を謳《うた》ってみても、日本国としての一体感は出ないし、西洋先進国に伍していくことは出来ない――これが、孝允の説くところであるが、受け取った議定に三条実美は驚き、恐ろしくなり、しばらく秘しておこうとした。

孝允はそれに屈することなく、自ら自藩の藩主に説くなど積極的に動いた。そこには、こんなエピソードも残っている――。孝允が藩主の毛利敬親に版籍奉還をなぜしなければならないかを進言すると、じっと聞いていた敬親が、「そうなると、わしとそちはもう主従ではなくなるのか」と、なにか寂しそうな表情でつぶやいた。そのとたん、孝允は絶句してはらはらと涙を流したという。理性的とはいえ、封建制度のかたい主従関係の中で育った人間である。感情においては忍びないものがあったのだろう。

しかし、客観的には絶対実現させなければならないとの信念を持っている。孝允がそれを説くと、同意する薩摩の大久保利通、土佐の板垣退助、肥前佐賀の大隈重信もそれぞれの藩主を説得した。封建制を当然とする藩主に、時代の趨勢を理解してもらうのは容易ではなかったが、これが功を奏し、まずは薩長土肥の四藩主が版籍奉還の上奏をした。雄藩の行為に諸藩主も同調した。これによって近代的統一国家建設への第一歩が踏み出された。

とはいえ、藩の名称は残り、藩主がそのまま藩知事になるなど、旧体制が一気に払拭されたわけではなかった。そこで、二年後の明治四年（一八七一）には廃藩置県を断行して、統一国家体制をいっそう鮮明にした。新体制づくりに大胆なアプローチ。孝允の功績は大きかったといえるだろう。

参考文献

『木戸孝允文書』（日本史籍協会）　『木戸孝允』大江志乃夫（中公新書）　『防長回天史』末松謙澄（柏書房）

近代企業の勃興に指導的役割を果たした先駆者

渋沢栄一

【しぶさわ　えいいち】

（天保十一年～昭和六年　一八四〇～一九三一）

パリで企業活動の威力に衝撃を受けて

語録

パリには沢山の銀行や会社があって、大衆の金を集めて大規模な営利事業を営んでいる。その利益が大衆を富まし、引いては国を富ましている。これが第一の驚きであった。

政治と経済が車の両輪のように機能しないと、近代国家の進歩は期し難い。そこを痛烈に意識し、西洋で発達している株式会社を日本で最初に設立したのは渋沢栄一であった。それは明治新政府が発足したばかりの明治二年（一八六九）で、まだ株式という言葉も、会社という言葉も定着していないときであった。

その株式会社という言葉がようやく使われはじめるのは、明治四年（一八七一）に大蔵省が「会社弁」という株式会社の知識普及のためのガイドブックを刊行したときからであった。

であるとするなら、その原型をつくった渋沢栄一は、相当に経済知識をもっていたかというと、決してそうではなかった。むしろ反対に西洋知識はほとんどなく、狂信的に尊王攘夷を実行しようとするような若者であった。

栄一は天保十一年、武蔵国血洗島《ちあらいじま》（現深谷市）で生まれた。生家は富農で、藍玉商も兼ねていた。勉強好きの彼は、家業を手伝いながら塾に通って漢学を学び、青年になると国学も学んだ。また、武士に憧れた彼は江戸に出て、剣術の修業もした。

ちょうどその頃から幕末の激動期になり、栄一は尊王攘夷主義に共鳴し、同志七十名ほどで、開港された横浜の外人居留地焼き討ちを計画した。だが、計画は事前にもれて、彼ら同志は捕り方に追われる身になった。文久三年（一八六三）、彼二十四歳の時のことだった。

その栄一を助けてくれたのは、剣術道場で知り合った平岡円四郎だった。この人は一橋慶喜《よしのぶ》の側用人で、栄一をかくまったうえに、慶喜に仕えるようとりはからってくれた。栄一は思いがけずも、憧れの武士になった。しかもやがて慶喜が将軍になったので、栄一はなんと幕臣になったのだ。

そしてさらに、考えてもみなかったことだが、慶応三年（一八六七）幕府が欧州に使節団を派遣することになり、栄一はその一員に選ばれたのである。

この遣欧使節は、駐日フランス公使のロッシュが提案したものであった。当時、フランスは幕府との関係を親密にしようとしており、慶喜もまたフランスの力を借りて各種の政治・軍事の改革を進めようとしていた。そこで、ロッシュの進言を受け入れ、実弟の徳川昭武《あきたけ》を将軍名代として約三十人の使節団を派遣した。栄一がその随行員の一人になったのは、かつて家業の手伝いで算盤勘定ができるからだった。彼は一番末席の勘定掛として加わった。

もし栄一にこのチャンスがなかったら、企業家・渋沢は生まれなかったかもしれない。彼はこれによって偏狭な攘夷思想から目覚め、先進国西洋に目を向けた。彼の息子の渋沢秀雄が父の語るところをまとめた『渋沢栄一』（龍門社）に、その衝撃を〝三つの驚き〟として書き留めている。

その第一が、証券取引所を見学して知った株式会社の威力だった。

表記の言葉はその時の驚きを述べており、栄一はこれにつづけて、「信用があれば不特定多数から資金が集められて大きな活動ができる株式会社の威力を認識し、信用の積極的活用を考えるようになった」と語っている。

第二の驚きは、身分制がなく、自由に職業の選択ができることだった。

ある時、栄一は軍人と銀行員が議論しているのを見かけた。栄一からすれば、軍人は武士、銀行員は町人である。日本では武士と町人が対等な立場で議論するなんて、とうてい考えられない。しかも見ていると、軍人の方がやりこめられて、銀行員に頭を下げるではないか。ここで彼は、「フランスには官尊民卑の思想がなく、知恵や能力、徳望で人の価値が決まるし、誰でもが自由に職業の選択ができる。国が進歩発展するには、社会全体がこうならなければならないと考えた」と述べている。

第三の驚きは、国王の国家的商魂に接したことであった。

ベルギーで国王に拝謁した時、国王がこう言った。「鉄を多く使う国は必ず強くなります。日本も強くなるためには、どんどん鉄を使わねばなりませぬ。その節はぜひわが国の鉄を買ってください」と。栄一はこれを聞いて、「はじめは、国王ともあろう者が商人みたいな口をきいて卑しいと思った。しかし結局これは、王の国家的商魂だと是認した」という。つまり、彼は為政者が経済に心をくだくことの重要性を認識したのである。

栄一がこのような収穫を得た使節団は、翌明治元年（一八六八）の十一月に帰国したが、すでに幕府は崩壊し、徳川家は一大名として駿河に移封になっていた。

商法会所という日本最初の株式会社を設立

語録

国家の基礎は商工業にあり。政府の官吏は凡庸にても可なり。商人は賢才ならざる可からず。商人賢才なれば、国家の繁栄保つべし。

徳川家は、将軍家時代は七〇〇万石、移封した駿河は七〇万石、十分の一の減封であった。栄一は父から帰省を促されたが、迷うことなく徳川家に従う決心をし、静岡に移り住んだ。そして、さっそく取り組んだのが、西洋で第一に驚いた株式会社の実現だった。

藩の資本を基本に、地元の商人たちからも出資を募って合同させ、事業を営む。これが成功すれば、徳川家も地元も潤う。彼はこの考えを説いてまわり、その奔走が功を奏して、明治二年（一八六九）の初頭に設立されたのが「商法会所」であった。冒頭にも書いたように、日本の株式会社の嚆矢《こうし》をなすものである。

商法会所の事業内容は、銀行的な仕事と茶や米など諸物産の売買を中心に、倉庫業、運搬業なども取り扱う幅広いものだった。ところが、事業の基礎もようやく固まろうとしていたその年の十一月、突然、明治政府から栄一に召命があった。彼の新知識をかって大蔵省に登用するとのことであった。驚いた栄一は、せっかく始めた企業活動に専念してみたかったし、民間経済を盛んにして官尊民卑の弊も打破してみせたかったため、これを辞退した。これに対して、参議の大隈重信が説得を重ね、栄一はことわりきれなくなって、不本意ながら大蔵省の人となった。しかし、入ったからには、全精力を傾注する覚悟であった。

栄一は租税制度、貨幣制度、銀行制度、会社制度、度量衡制度など多くの制度の制定や、組織などの改革業務に携わり実績をあげた。それゆえに昇進もめざましく、明治五年（一八七二）までの三年間に、少丞《しょうじょう》、権大丞、大丞、少輔《しょうゆう》（局長クラス）と累進した。

栄一の上には、長州出身の井上馨《かおる》が大輔《たいゆう》としていた。井上は栄一を高く評価して仕事を任せた。栄一もそれによく応えた。この井上は、当時国家財政が逼迫していることから、明治六年度の予算決定には、徹底した削減で臨んだ。栄一もこれに賛成し、収支のバランスをとる〝量入為出〟の方針で井上をバックアップした。

井上が予算要求を抑えこんだなかで、とくに大きな削減を突きつけたのが司法省であった。司法卿の江藤新平は断固復活を迫り、井上は断固はねつけた。これが因《もと》で、ついに政争の様相となり、井上は筋をとおして辞職した。井上と行動をともにしてきた栄一も、当然袂を連ねて大蔵省を辞職した。明治六年（一八七三）五月であった。

官を去った栄一は、かねての抱負である産業振興に民間人として邁進する決意をした。その覚悟のほどを、彼は辞職するにあたって表記のように述べた。彼はまた、企業活動に取り組むのを、「商工業を盛んにするは男子の本懐なり」とも言い切った。

企業モラルの向上に『論語算盤説』を唱道

語録

論語は世のため、人のための道を説いたものだ。商工業者には利益追求が大事で、ソロバンは無視できないが、同時に、世のため、人のためになる論語の心も忘れてはならない。論語とソロバンを一致させれば、自分も利益を得ながら、国家すなわち社会が豊かになる役目を果たす。そうすれば商工業者の社会的な信用と地位は向上する。

断固とした意志をもって民間人となった栄一がまず力をいれたのは、日本最初の銀行である第一国立銀行（現・みずほ銀行）の創設、運営であった。

栄一は大蔵省での仕事を通じて、日本の産業発展の基礎的条件は金融機関の整備と株式組織の企業普及にあるとの信念に到達していた。したがって、第一国立銀行設立の意義は大きく、大蔵省在職中から豪商の三井組、小野組に主要出資者となるよう勧奨していた。これが功を奏し、一般からの小口出資者も集まり、明治六年（一八七三）七月開業にこぎつけた。

栄一はそれより二カ月前に辞官しており、開業に先立つ創立総会で懇請を受け、第一国立銀行総監役に就任した。諸重役を統率し諸般の事務を処置するという役職であった。その二年後には名実ともに頭取になり、これが彼の企業人として第一歩であった。

栄一はまた、洋紙製造の抄紙会社（のちの王子製紙）の経営にも携わった。彼は洋紙国産化の重要性を早くから認識し、これにも三井組、小野組などの豪商に共同出資を要請した。それが実を結んで、東京・王子の川のほとりに工場を建て、輸入の機械を据え付けて、明治八年（一八七五）から操業を開始した。

このように、着実に実績を積んで、栄一の近代企業家としての地歩は固まり、以後多くの会社の創立や経営に関与した。明治二十年前後までを見ても、東京海上保険、日本鉄道、共同運輸、大阪紡績、東京瓦斯、東京人造肥料、札幌麦酒などがある。

栄一は九十二歳の長寿を保ったが、七十七歳の喜寿を迎えた時、実業界からの引退を宣言した。その間に関係した会社および事業数は五〇〇を超えるといわれ、しかもその多くが近代的移植産業であった。まさに近代企業の指導者として先頭を走ったのだった。

しかし、栄一の功績は目に見えるこうした現象面だけではない。目に見えない意識あるいは思想面、いうなれば企業モラルの向上に努めたこともみのがせない。彼は企業の存在を社会公共の中に位置づけ、かつての賤業意識から脱皮させようと精力を注ぎ込んだのである。

その理念や気概を持つよりどころとして、栄一が唱導したのが『論語』の思想であった。『論語』にみる孔子の思想は、「修己治人」である。勉強し修業して自分を磨けば、やがては社会で人の役に立つ人間になる、という考えである。

そして、自分を磨くには、仁義礼智信という五つの徳目をしっかりと持つように努めるというのが、孔子の教えである。そのなかで、栄一が企業モラルとしてとくに重視したのは、仁と信であった。仁は人に対する思いやりの大切さであり、信は信用や信頼の大切さである。彼はその倫理観と企業活動を一致させることを企業モラルの規範とし、それを「論語算盤説」と称して主唱した。表記の言葉はその一節である。

この言葉からもわかるように、〝私益〟と〝公益〟の両立をはかりながら、近代企業の健全な発展に尽力したのが渋沢栄一であった。

参考文献
『渋沢栄一伝記資料』渋沢栄一伝記資料刊行会　『渋沢栄一事業別年譜』（国書刊行会）　『渋沢栄一訓言集』（国書刊行会）　『論語と算盤』渋沢栄一述（国書刊行会）　『渋沢栄一』土屋喬雄（吉川弘文館）　『人物に学ぶ明治の企業事始め』森友幸照（つくばね舎）

大阪商人を啓蒙しながら産業近代化を推進

五代友厚

【ごだい　ともあつ】

（天保六年～明治十八年　一八三五～一八八五）

語録

世界地図の模写で海外への関心を高める

ヨーロッパに於いて国家の基本なるもの二あり、〃インヂストレード〃〃コンメルシアール〃と言う。インヂストレードとは種々の機械を用いて、万物を随意に製作して、蓄財の基とすることとなり。又コンメルシアールとは貿易なり。此の二を以て国力を充《みた》し、強兵に及ぼすこととなり。

五代友厚は、渋沢栄一と並び称される近代企業の指導者であった。ただ活躍の場所は、渋沢が東京中心であったのに対して、友厚は大阪を主な舞台とした。

この友厚は天保六年、薩摩藩（鹿児島）で生まれた。父は薩摩藩の町奉行で、また儒学者であった。彼は幼い時から父に漢学を教えられ、十二歳で藩校造士館に入って文武を修めた。

その彼が世界に目を向けるようになったのは、十四歳の時であった。父が藩主から世界地図を預かって、家に持ち帰った。それを見て、彼は世界の広さに驚き、地図を模写して、飽かず眺めるほど関心をもった。その五年後にペリーの黒船がやって来て、世界に対する友厚の知識欲はますますふくらむばかりだった。

安政四年（一八五七）、友厚はその未知の世界を直接、外国人から学ぶ幸運をつかんだ。幕府が設立した長崎海軍伝習所に藩から選抜されて入り、オランダ人の教官から、航海術、造船術、砲術、測量術、算術、化学などを学んだのである。その新知識をもった能力が買われて、友厚は文久二年（一八六二）二十八歳で、船奉行副役に取り立てられた。

その同じ年、薩摩藩は外国人を殺傷するという生麦事件を起こした。このため翌三年、英国の軍艦が鹿児島を攻めるという薩英戦争が起こった。友厚は藩船を指揮して戦ったが、性能が劣る船は拿捕《だほ》され、彼は捕虜となった。彼はこれも西洋を知る機会ととらえ、英国人に接していろいろ学んだ。しかし、武士にとって捕虜は恥辱である。それなのに、死を選ばない友厚を薩摩の藩士らは非難した。それゆえ、彼は釈放されても、帰藩ができなかった。

友厚は藩の意識を変えたくて、潜伏している長崎から藩当局へ、開国貿易による富国強兵を説く上申書を送った。必死の覚悟の建策であった。その冒頭で攘夷主義を厳しく批判した。

「勤王攘夷を唱え、天下に周旋、同志を集め自国の政を掌握するよう大言を吐き、愚民を欺迷し、そのうえ口演にのみ走り、浪士ども増長いたし、攘夷の功業不成を知らず、国政を妨げ、かえって内外の大乱を醸し出し、自滅を招くの兆、ああ歎くべし」と。

彼はそのうえで、欧州に留学生を派遣して人材を養成すべきことも主張した。藩首脳も薩英戦争によって西洋の力の強さを痛感していたので、この意見を入れ留学生の派遣を決めたが、当時はまだ海外に出るのはご法度であったから、幕府の目をかすめた密航留学である。

俊英の若者一六名が選ばれ、友厚が引き連れて慶応元年（一八六五）、いわゆる薩摩藩密航留学生はヨーロッパに渡った。その中には、のちに文部大臣になる森有礼《ありのり》や外務大臣になる寺島宗則《むねのり》がいた。若い藩士たちはそれぞれ大学に入学し、友厚は諸国を視察して回った。そして早くも、開国政策を具体的に示した建言書を藩庁に送った。また知人にも同様の主旨の手紙を出したりした。表記の言葉はその一部である。

インヂストレードはインダストリー、すなわち近代的な産業振興をいう。コンメルシアールはコマーシャル、すなわち貿易活動を通じての国益増進をいう。友厚はこの二つの推進によって国は発展すると洞察したのである。いうなれば、産業立国の主張である。

藩庁に送った建言書では、「鹿児島中、貴賤を論ぜず商社を開くべき事」「諸大名同志合力の商社を開くべき事」など、資金を出し合って設立する会社の必要性も強調していた。帰国後、友厚は建言どおり株式会社の設立を藩に働きかけた。だが、実現にはいたらなかった。

大阪をバーミンガムのような大工業都市に

語録

方今、宇内の大勢すでに定まり上に聖明あり、下には賢僚俊秀、廟堂その人に乏しからず。よって余は今より冠を挂《か》けて民間に下り一般商工業を鼓舞奨励して我が国民業の振興を図り、以て国家国民の富強を努めんとす。

やがて徳川幕府が消滅し、明治新政府が樹立した。友厚は数少ない開明家としてただちに登用され、参与職の外国事務局判事として大阪在勤、つづいて大阪府判事に昇進した。

当時、大阪では運上所（のちの税関）が設置されたり、港が貿易港になるなど、あわただしい動きがあったが、友厚はよく対処した。さらに彼は貨幣制度が混乱し贋造貨幣も横行しているのを憂慮し、大阪に造幣寮を設置するよう政府に進言した。

また、大阪の商人たちは大転換期に直面して、なすすべもないありさまであった。しかし、友厚の先見性のある行政手腕に方向性を教えられる思いで、信頼を寄せるようになった。

ところが、翌明治二年（一八六九）になると、にわかに友厚を排斥する声があがった。それは、同郷薩摩の武勲派と称する連中であった。彼らは命がけで戦ったことを誇り、英艦の捕虜になったり戊辰戦争にもまったく参加しなかった友厚が順調に出世するのが妬《ねた》ましかったのだった。そこで友厚の私生活まであげつらって誹謗し、中央政府に五代追い落としを策謀したのだった。その執拗さに嫌気がさした友厚はだんぜん官を辞することを決意した。彼の力を高く評価している大久保利通は強く引き止めたが、友厚の決心は変わらなかった。そのとき、彼が披瀝した信念の一端が表記の言葉である。

こうして在野の人となった友厚は、このとき三十五歳。かつてイギリスで目の当たりにして驚嘆したバーミンガムのような大工業都市に大阪を育てることを願いとして活動した。そして、最初に手掛けた事業は、大阪に設置された造幣寮に金銀を納入する金銀分析所であった。続いて、彼は鉱山事業に乗り出し、天和銅山、赤倉銅山、栃尾銅山、半田銀山、逢谷銀山、羽島金山など次々に開掘した。これら鉱山事業には大阪の事業家を参加させて、近代的企業経営の啓蒙にもつとめた。友厚が興した近代企業は、以上のほか、鉄道、化学、染料、印刷、紡績、海運など多岐にわたり、下野に際して思い描いた大工業都市へと大阪を導いた。

友厚はまた、経済界で活動する人材育成を目的として明治十三年（一八八〇）には、大阪商業講習所（現大阪市立大学）も開学した。その入学式の祝辞で、彼は経済立国を主張し、産業社会の将来を担う若者を激励して、こう述べた。

「文明の国にありては、農工商の三者が鼎立をなし、人智と共に競進して今日の富強を謀る。しかるにわが商工の如き、人智と共に開進の精神なく、その振るわざること自今の如くならば、わが商工は外人の為に圧せられ、いよいよ衰退を来たし、いわゆる輸出入の不均衡よりして、漸次わが国力を彼に凌奪せらるるや言を俟《ま》たず。維新以降、政府、人民共に商工を起こさん事を唱うるも、その実際に至りては未だその効あるを見ず。これを見れば、わが商工者は時運の進展につれ、商工者たるの義務を尽くさざるものと言わざるべからず」

このようにわが国の経済発展に尽くした友厚であったが、惜しいことに明治十八年（一八八五）、糖尿病が悪化して、まだ働き盛りの五十一歳で生涯を閉じた。なおつけ加えて言うなら、友厚は借金百万円を残しており、それを相殺すると遺産らしきものはほとんどなかった。人々はその身ぎれいさに感動したという。

参考文献
『五代友厚伝記資料』日本経営史研究所編（東洋経済新報社）『五代友厚伝』宮本又次（有斐閣）『大阪の指導者』織田作之助（錦城出版社）

海運業に万丈の気を吐き欧米の商船会社を駆逐

岩崎弥太郎

【いわさき　やたろう】
（天保五年～明治十八年　一八三四～一八八五）

吉田東洋の産業立国思想に感動

語録

もし将来、さらに大きな仕事をしようと思うならば、今日の状態に満足するはずがなく、目前の状況を眺めて、これでよかったという気持ちが起こるはずはない。（中略）現状に安心し、今日に満足すべきではない。

徳川幕府が鎖国維持のため大船建造を禁止していたせいで、海運はまったく振るわず、明治になっても尾を引いた。外洋も沿海も海運はすべて、外国汽船に占められる状態だった。そのなかにあって、海運立国を標榜し、万丈の気を吐いて豪胆無比の活躍をしたのが、三菱財閥の創始者となる岩崎弥太郎であった。

弥太郎の生家は、土佐藩の最下級の士族である半農半士の地下郷士であった。しかも、彼が生まれた頃、父は浪人で藩の役にも就くことができず、家計は火の車であった。

しかし、弥太郎は優れた頭脳に恵まれていた。十二歳頃からなんとか塾に通うようになると、たちまち群を抜く秀才ぶりを発揮した。そうなると、江戸にでも出てさらに研鑽を積みたくなった。だが、地下浪人は上級藩士の従者になる以外、勝手に藩外には出られない。その屈従を忍び、彼は二十一歳の時、江戸行きをかなえた。ところが、一年もしないうちに、父が酒のうえで喧嘩をして牢に入れられ、彼は帰郷せざるを得なくなった。

弥太郎は今度は、吉田東洋の塾に入門した。東洋は参政（家老職）に抜擢されるほどの人物であったが、当時は職を解かれていた。東洋は子弟たちに、たえずこう説いた。

「今、西洋の国々は競って富国策を執っている。しかるに日本は、いたずらに尊王だ佐幕だと争っている。今、日本が急務とするのは、そのような争いではない。国内が一致団結して産業を振興し、外国に押し出して行って交易し、富を増して西洋と対等になることである」

やがて東洋が参政に復職すると、弥太郎は下級職ではあったが、藩の役人に取り立てられた。これが彼の世にでる糸口となった。ところが、自分を認めてくれた東洋は文久二年（一八六二）、過激な尊王攘夷を唱える土佐勤王党の刺客に暗殺されてしまった。

そのあと、参政に登用されたのは東洋の甥の後藤象二郎で、藩論を開国路線にまとめ、叔父東洋の意志を引き継いで土佐藩直営の開成館をつくった。これは土佐の特産品を中心に貿易ならびに海運事業を行う一種の商社で、長崎と大坂に土佐商会という出張所を置いた。

弥太郎はその長崎出張所に土佐商会主任という肩書で起用され、赴任した。支配人のような立場であったが、彼には商売が性に合い、水を得た魚のように活動した。また、坂本龍馬の亀山社中が藩に組み込まれて土佐海援隊となっていたので、その経理面も担当した。

弥太郎はのちに三菱商会を経営すると、社員に自分の所信を述べて励ますことも行ったが、表記の言葉はその一端である。彼自身がまさにこの意気込みで仕事にチャレンジした。

敢然とした競争で外国商船を駆逐

語録

内外航海の権は全く西人の一手に帰したり。（中略）然れども敢えて一人ありて率先し海運の便を興す洪業を企て、内は以て一家を利し、外は以て全国に益するの義に勇む者なし。余もとより此に見ることあり。自ら身の不敏を顧みず、進取の勇気を奮い、憤然としてここに大業を企てたり。

やがて明治となり、四年（一八七一）には廃藩置県も実施された。土佐藩は時代趨勢を見通してその前年に土佐商会を閉鎖した。この事態に直面して、弥太郎は藩から汽船三隻を譲り受け、海運業を始めた。龍馬の海援隊に関係して海運の重要性を認識したことが、その決断となった。人々は藩が運営してもうまくいかないものを、個人でやるとは無謀だといったが、彼はたじろがなかった。明治六年（一八七三）には会社名も、家紋の三階菱からとって三菱商会とした。弥太郎ははじめ、政府の海運御用を一手に引き受けることでその基礎を固めた。明治七年（一八七四）の台湾出兵では、兵員輸送に全面協力し、政府が購入した外国船一三隻の無償貸与を受けるなどして巨利を得た。また、明治十年（一八七七）の九州が戦場となった西南戦争でも、西郷軍優勢の戦況に日和見をきめ込む海運業者が多いなかにあって、彼は躊躇なく政府御用に全社を挙げた。戦乱が政府側の完全勝利に終わってみると、彼は戦争成金になっていた。軍費の三分の一は三菱の懐に入ったであろう、と世間は噂した。

しかし、弥太郎は強引に儲けるだけの事業家ではなかった。愛国的な理念も強く、それを意識した行動にでる時は、採算を度外視して立ち向かった。それが端的に現れたのが、わが国の顔に日本の海運を牛耳ろうとする欧米の海運会社への挑戦であった。

弥太郎は台湾出兵への仕事が終わった翌八年、わが国初の海外定期・上海航路を開設した。多くの航路を独占的に支配しているアメリカの太平洋郵船と競争して、覇権を確立しようとしたのである。彼はこれを「国に益するの義に勇む」行動であるといい、全社員に檄をとばし、戦い抜く覚悟を示した。表記の言葉は、その訓示の一節である。ここには、国家意識というものが経営のバイタリティになって、誰も挑戦しないのなら、オレがやってやるという意気込みがほとばしっている。

事実この競争は貨客の取り合い、運賃の値下げにつぐ値下げと、熾烈《しれつ》なものとなった。弥太郎は業績の落ち込みにもひるまなかった。政府にとっても独占状態の外国勢を駆逐するのはのぞむところで、助成金を三菱に与えるなどして、太平洋郵船はついに撤退した。

続いて翌九年には、イギリスの名門P&O社が上海航路に進出してきた。弥太郎はこれも受けてたち、自分の給料を半分にするなどして不退転の決意を示した。値引き競争、サービス合戦……。もろもろの対抗策によって、半年後、三菱の上海行き汽船は乗客・貨物とも満載、P&Oの汽船は乗客わずか三人というありさま。P&O社は撤退した。

こうして、日本近海を独占していた欧米先進国の商船はなりをひそめ、一方、三菱は日の出の勢いで発展していった。

参考文献

『岩崎弥太郎伝』（岩崎弥太郎・岩崎弥之助伝記編纂会）　『岩崎弥太郎』入交好脩（吉川弘文館）　『三菱コンツェルン読本』岩井良太郎（春秋社）

第五期

殖産興業から富国・文化国家へ

明治五年（一八七二）～

◉大がかりな岩倉使節団を米欧に派遣

廃藩置県の断行から四カ月後の明治四年（一八七一）十一月、岩倉具視《ともみ》を全権大使とする遣米欧使節団が横浜港から出航した。総勢約五十名の規模で、〝維新の三傑〟は木戸孝允《たかよし》と大久保利通が副使として参加し、西郷隆盛が留守政府に残った。

この使節団は太平洋を渡ってアメリカ、それから大西洋を渡ってヨーロッパに入り、イギリス、フランス、ベルギー、オランダ、ドイツ、スウェーデン、ロシア、オーストリア、スイス、イタリアと約二年近い旅程を経て、明治六年（一八七三）八月に帰朝した。

これほど大がかりな使節団の派遣には、大きく分けて二つの目的があった。一つは不平等条約を改正するための予備交渉、もう一つは欧米先進国の文物の観察・調査であった。

幕府が安政五年（一八五八）に欧米各国と結んだ「修好通商条約」は、日本に不利な条項がいくつもある不平等条約であった。日本に外国人を裁く権利のない領事裁判権、日本側が自主的に決められない関税非自主権、条約締結国以外にも無条件で与える最恵国約款などである。それらを改正する交渉ができるのは、締結時から一五年後の明治五年（一八七四）の六月以降であると決められていた。その予備的な意見交換や各国の反応を探ろうというのが、第一の目的である。しかし、国際関係の交渉は国際法に準拠してなされるのだが、当時の日本の法律や諸制度は国際法に抵触する部分がいくつとなくあるので、反応は冷たいものだった（その後、この交渉は困難の連続で、明治二十七年からようやく改正されていった）。

条約改正の見通しが得られないまま帰朝したので、この使節団を揶揄して、

条約は結びそこない金は捨て
世間へ対し（大使）何と岩倉

という狂歌も生まれた。

◉木戸はドイツ型の立憲政治体制に共感

もう一つの、先進国からなにを学びとるかという目的は、それなりに得るところがあったといえる。

とくに政府の中心にいる木戸と大久保がそれぞれにつかみ取ったものがあったのは、その後の政策に大きく影響した。

まず木戸孝允であるが、彼は明治国家を近代的な正統国家として内外に認知させるには、憲法の制定が絶対不可欠だと考えていた。そのうえで、議会制をとり入れる。つまり、立憲議会制が彼の考える日本のあり方であった。彼はそれを、日記にこう書いている。

「余御一新の年、建言して五箇条の誓約を天下の諸侯、華族、有司（官吏）になさしめ、やや億兆（国家国民）の方向を定む。しかして、今日に至り確乎の根本たる律法（憲法）定まらずんばあるべからず。ゆえにまず各国の根本とするところの律法、かつ政府の組み立て等を詮議せんと欲す」

孝允はそれを実現させるため、米欧巡視のなかで模範になる国を探ろうとした。したがって、イギリスやフランスなどの政治体制を綿密に調べてゆき、結局はドイツの立憲政治体制に共感を覚えた。彼はドイツでは憲法学者として知られるグナイスト博士にも会って説を聞くなどし、皇帝権限を強く定めているドイツの立憲政治体制が日本にもっともふさわしいと判断したのだった。

帰国すると、孝允はただちに建言書を提出し、憲法制定の急務を説いた。その特徴は、今日の三権分立ほど明確とはいえないが、立法府と行政府を分立して両者の権限を明確にすることを主張した。そして、憲法のもとで議会を運用するという立憲議会制を実現しようというのが、彼の目指す方向だった。

しかし、同じ立憲議会制を主張しながら、孝允と意見を異にする者もいた。その論者は板垣退助や大隈重信、福沢諭吉らであった。彼らはイギリス型の立憲議会制の実現を目指していた。違いは、ドイツ型が皇帝の権限が強化されているのに対して、イギリス型はむしろ反対に王（キング）の権限を極力抑制し、議会主導の政治体制を主張するものだった。この違いの意味するところは大きく、その後日本国憲法が発布になるのが、ようやく明治二十二年（一八八九）であったことをみても分かるというものであろう。

◉大久保は殖産興業策で富国路線を敷く

次に、大久保利通がつかみ取ったのは、経済の重要性であり、具体的には産業振興による富国策としての〝殖産興業〟であった。

振り返ってみれば、西洋で産業革命が起こったのは一七六五年、イギリスのジェームス・ワットが蒸気機関を発明した時からである。蒸気機関という、牛馬や人力ではおよびもつかない強力な動力源によって、機械工業や汽車、蒸気船などの交通機関がたちまち発達した。これによって、欧米は近世から近代へと時代を進めた。

日本はというと、鎖国のなかで近世がつづいており、ペリーが搭乗した蒸気船に接して、ただただ仰天するばかり。それから国内が激動して、一八六八年に明治新政府が発足して近代化政策を打ち出す。まさに百年遅れのスタートである。

そうした格差のなかで、利通はイギリスの工場群のすごさに驚き、西郷隆盛に「英国の富強をなす所以を知るにたれり」と書き送った。さらにその後、ドイツで鉄血宰相といわれていたビスマルクに会見するに及んで、産業振興こそ急務であるという彼の信念は不動のものとなった。

ビスマルクが宰相の座に就いた一八六二年当時、ドイツは小国に分裂したような状態のまま列強に取り囲まれて、あたかも日本の幕末と似ていた。ビスマルクはそのようなドイツが独立と発展をとげる方途として、諸産業に必要な鉄の生産に力をいれ、各種の機械工業を興して国力を増進し、統一国家としてのドイツ帝国を一八七一年に成立させたのである。それは日本の廃藩置県の半年前のことであり、木戸も大久保も似た国としてとくに関心をもったのはむべなるかなである。

利通は帰国すると、米欧先進国に伍していくには〝殖産興業〟を政府主導でやらねばならないと決意して、明治六年（一八七三）十一月に内務省を新設し、自ら内務卿に就いた。そして、大蔵省から勧業、駅逓、土木などの部門を移管し、とくに勧業寮の充実に努めて、すでに設置していた工部省と連携しながら殖産興業を推進した。

彼はその意義を「おおよそ国の強弱は人民の貧富に由り、人民の貧富は物産の多寡に係る。

物産の多寡は人民の工業を勉励すると否ざるとに胚胎すと雖《いえど》も、其の源頭を尋ぬるに、未だ嘗て政府政官の誘導奨励の力に依らざる無し」と言って、政府の指導性を強調した。

そのような意識であるから、利通は官営工場も設立して、製糸、紡績、鉱山、造船業などを進め、模範を示そうとした。今日まで史跡として残っている富岡製糸工場は、その一つである。

◉不平士族の不満を外征でそらそうとした征韓論

ところで、利通の内務省設立はスムースにいったわけではない。

実は、まだ使節団一行が欧州を巡回している時、留守政府では西郷隆盛が主唱し板垣退助や江藤新平らが賛成した征韓論が大きな問題になっていたのだった。

明治六年（一八七三）一月、徴兵令が布告されると、元武士階級の士族の間には、町民農民に自分たちの領域が侵されるとして不平が燃えあがった。隆盛自身も武士の優位性をなんとか活かしたい思いが強かったので、これをただ弾圧するのでなく、なんとか活かす方途はないものかと思案していた。

そこへ起こったのが、征韓論であった。これの基はすでに幕末からあり、西洋に対抗するため韓国に修交同盟を求め、応じなければ征伐するという主張であった。この主張が、徴兵令によって起こった不平士族の内に向いた不満を外にそらす意図から、急速に大きな征韓論問題となったのだった。

当時、韓国では大院君が実権を握り、排外政策をとっていて、日本の要請に応えようとしなかった。隆盛にはそれこそ好機、同盟を受け入れないなら武力行使をする、すなわち征韓論を強く打ち出した。その心底には、武士層復活の軍事国家づくりという思惑も強く働いていた。

この情報が使節団に届くと、利通は一刻も猶予ならない政治問題として、一人先に帰国した。彼は征韓論には大義名分がないし、また今は内治優先であるべきなので外国と事を構えるときではないとして反対を表明した。

彼はそのなかで、殖産興業の重要性を「国内の生産を増強して輸出を増やせば、輸入と均衡し、国家も国民も大いに富を致す」と論じている。また「征韓を優先させると殖産興業が阻まれて、国の富が失われ、イギリスの経済侵略を誘発する危険がある」とも説いている。

閣議は、征韓論をめぐって紛糾した。まかりまちがえば、政府が分裂してしまうかもしれないほどだった。

利通はこの時、唯一の趣味だった囲碁にたとえて、自分の決意を語った。「この上は盤上一杯の敗けを取るか、勝ちを取るか。投了するか投了させるか。二つに一つだ」と。盟友である隆盛といえども、決して妥協はしないという覚悟である。

利通の決死の気迫に、太政大臣三条実美《さねとみ》が恐れをなし、病気を理由に、征韓裁可の天皇上奏をためらった。利通にはこれこそ絶好の時間だった。ただちに工作して岩倉具視を太政大臣代理にたて、間髪をいれず、閣議決定を無視して征韓反対を上奏し、天皇の裁可を得た。最後の土壇場でのどんでん返しだった。

こうして征韓論をつぶすと、利通は間を置くことなく内務省を設置して、殖産興業政策を進めたのであった。

◉佐賀の乱から反政府の乱が相次ぐ

一方、征韓論に敗れた隆盛らは野に下った。

ここで不平士族らが動き、下野した征韓論者を首謀者に担ぐなどして乱を起こした。明治七年（一八七四）から十年にかけて、そのような乱が頻発した。

その最初は、下野した江藤新平を首領にした佐賀の乱であった。佐賀には、かつては狂信的な攘夷党で今は不平士族になって政府批判を叫ぶ憂国党があった。彼らは征韓論に敗れた江藤が帰郷すると、反乱計画を打ち明けた。江藤としても、佐賀が立てば西南の諸県も呼応し、その勢いが増せば中央政府の方針を変えさせることもできようと考えた。こうして江藤が首領になって明治七年二月に起こしたのが佐賀の乱であった。

これに対して、大久保利通は自ら佐賀に行って鎮圧の指揮をとった。乱を起こした方は市民の協力も得られず、孤立状態になって一カ月たらずで終結した。江藤は逃げたが、高知で捕らえられ、四月に臨時裁判にかけられて、謀叛の罪で斬罪梟首となった。

翌八年はなんとか事もなく過ぎたが、九年になると十月に、熊本神風連の乱、福岡秋月の乱、山口萩の乱が相次いで起こった。

神風連の乱は、これも狂信的な、あるいは神がかり的というか攘夷思想にこりかたまった者たち一七〇余名が、神官の太田黒伴雄を首領格に神風連を名乗った乱であった。

彼らは、欧化政策をとる明治政府を卑屈きわまりないと批判し、県令を襲って重傷を負わせ、続いて熊本鎮台を襲撃した。しかし、刀と槍だけで戦うので、最新の武器を使う鎮台兵にかなうはずもなく、約三時間の激闘のすえむなしく敗走した。首謀者以下ほとんどが戦死、または自決し、捕らえられた者も死刑か刑に服し、逃亡に成功したのはたったの四名であったという。

秋月の乱、すなわち福岡の旧秋月藩士ら約五〇〇人による乱は、神風連の乱の三日後に起こった。彼らは神風連の挙兵を知り、応援に駆けつけようとしたのだが、たちまち敗れたと聞いて、どう動くか迷った。そして、萩の前原一誠を頼ろうとしたが、出動した小倉の鎮台兵にたちまち鎮圧されてしまった。

頼られようとしたその前原一誠は、その頃、反政府勢力の首領的存在になっていた。長州藩士で明治新政府が樹立すると参議にまでなったが、思想的には保守の気風が強く、木戸や大久保らとは意見が合わなかった。結局、彼は明治三年、職を辞して萩に帰った。それからというもの、士族の特権を次々と奪う政府に不満の分子が一誠のもとに集まり、自然と彼は中心的存在になっていたのだった。

一誠ははじめ、集まってくる者に軽挙妄動することのないように戒めていたが、佐賀、熊本、秋月と乱がつづくにおよんで、いまはこれまでと十月二十八日に蜂起に踏みきった。一党五〇〇名は山口県庁を襲撃しようとしたが、政府軍もすでに情報を得て出動していた。そのため、迂回策をとるなどして数日間は戦ったが、弾薬、兵糧などの欠乏から戦意も失い壊滅した。一誠は漁船で逃げたが、出雲の港で捕まり斬罪に処せられた。

◉〝維新の三傑〟それぞれの死

萩の乱の終結から間もなく明治十年（一八七七）となるが、その二月、最大にして最後となる反乱が起こった。首領は誰あろう〝維新の三傑〟の西郷隆盛であり、彼は自らつくった明治政府に対して「今般政府へ尋問の筋これ有り」と問責を理由に挙兵したのだった。

隆盛は孝允や利通とともに明治新政府をつくったが、早くに不満を抱くようになった。というのは、武士階級の温存を図りたい隆盛としては、版籍奉還や廃藩置県には本音は不満であり、「藩というものが弱められると、武士階級が弱められる」と周りにもらしたともいわれる。

その隆盛が政府問責を掲げ、旧薩摩藩士を中心にした一万三千名を率いて、二月十五日、珍しく雪が降る鹿児島を出発した。この蜂起から七カ月つづいたのが西南戦争と呼ばれる反乱であった。

西郷軍は騎虎の勢いで北上し、熊本鎮台のある熊本城を包囲した。西郷軍の兵士たちは「百姓兵、町人兵の集まりの鎮台兵、なにほどのことやある」とあなどったが、あにはからんや、鎮台は五十余日籠城でもち堪えて援軍を待ったのだった。

ところで、この西南戦争を挟んで、〝維新の三傑〟は相次いで死を迎えた。

一番目は木戸孝允。彼は明治八年（一八七五）に脳病に侵され、次第に政治の現場から遠のいていた。西郷が蜂起した時にはもう病床から離れられないほどになっていたが、西郷軍が熊本城を包囲したと聞かされると、「熊本南方に救援部隊を迂回上陸させ、南北から挟撃せよ」と主張したという。その作戦が功を奏して、西郷軍は包囲網を解いて撤退に移った。熊本城の鎮台兵が敵の包囲によく耐えたことは、孝允が大村益次郎とともに武士階級を否定してつくった国民皆兵という兵制改革の勝利をも意味した。

形勢が逆転して、「西郷軍は鹿児島へと退却を始めました」と知らされた頃、孝允の病状は悪化の一途をたどっていた。それでも孝允はともに倒幕を果たした旧友に万感の思いを込めてか、「西郷、もうたいがいにせんか」と昏睡状態のなかで叫んだという。そして、五月二十六日に息を引きとった。享年四十五歳であった。

〝維新の三傑〟の二番目の死は西郷隆盛。敗色濃くなるなかを西郷軍は出発地の鹿児島に追い詰められ、城山に立てこもった。政府軍は包囲網をじわじわと縮め、九月二十四日朝から総攻撃に入った。一発の弾が隆盛の大腿部を貫通した。今はこれまでと隆盛は、愛弟子の別府晋介に「晋どん、介錯をお頼み申す」と言って、短刀を腹に当てた。幕府を倒した〝慶応の功臣〟はここに〝明治の賊臣〟となって五十一年の生涯を閉じた。

残る三傑の利通は、西南戦争が起こったときも沈着冷静で、進めている殖産興業の一環である第一回内国勧業博覧会を総裁として八月に上野公園で予定どおりに開催した。出品の中には、富岡製糸場の機械製糸の実物が見られるなどで賑わいをきわめ、反乱が起こっているなど知らぬげであったという。

そして、翌十一年の五月十四日朝であった。太政官出勤で紀尾井町を馬車で出た利通が清水谷にさしかかったところを、まだ征韓論を唱えていた石川県士族六名が襲って斬殺した。ときに利通四十九歳であった。

この朝の出勤前に訪ねてきた福島県令に利通は、「やっと創業期が終わった。これからの十年は内治を整え、民産を盛んにする。そして次の十年に、育った後進諸賢にすべてを託す」、と語ったというが、いわば遺言であった。

〝維新の三傑〟の死の後を引き継いだのは、利通が言った後進の伊藤博文、井上馨《かおる》、黒田清隆、松方正義、大隈重信、由利公正《きみまさ》、後藤象二郎らで、明治の近代化は彼らによって進められた。

女性の地位向上にも努めた文化人的政治家

森有礼

【もり　ありのり】

（弘化四年〜明治二十二年　一八四七〜一八八九）

語録

人が結婚すれば、権利、義務が二人の間に生じて、両者平等である。二人の間の権利と義務とは、お互いに助け合い、保護し合う道をいう。すなわち夫は、扶助を妻に要求する権利をもつと同時に、妻を保護する義務がある。また妻は、保護を夫に要求する権利があり、また夫を扶助する義務がある。この理によらないで結婚するものは人間の結婚とはいえない。

のちに文部大臣になる森有礼は、五代友厚《ともあつ》が引き連れて欧州に渡った薩摩の密航留学生一四名のうちの一人だった。彼はそこで、西洋先進国の日本とはまったくちがう政治や経済、文化などの洗礼を受けた。彼はその時、十九歳であった。

有礼は薩摩藩士の家に弘化四年に生まれた。一家学問好きの雰囲気に恵まれ、少年時代に早くも林子平の『海国兵談』を読んで、西洋に興味をもったという。十二歳で藩校造士館に入り、元治元年（一八六四）には新設の洋学研究機関たる開成所に入って勉強を始めた。

その翌年の慶応元年（一八六五）五代友厚が建言して、人材育成のため密航という非常手段を用いても欧州へ留学生を送り出すことが決まった。有礼はその一人に選ばれて渡欧し、イギリスのロンドン大学で学んだ。その期間は三年に及び、休暇を利用して彼はロシアやアメリカに行って見聞を広めた。そうした視察によって彼はだんだんと、日本とはまったくちがう政治に関心をよせるようになり、故郷の兄に送った手紙で、「国家の政治は大小となく国民と謀って、公明正大な政治をします。これが国の栄える基です」と書いている。

慶応四年（一八六八）に有礼ら留学生は帰国したが、すでに幕府は消滅しており、彼ら留学生には明治新政府から召命があり、有礼は徴士外国官判事に任命された。

その二年後、二十三歳の有礼は小弁務使となってアメリカのワシントンに駐在することになり、やがてやってきた岩倉使節団の世話をするなどした。

明治六年（一八七三）、有礼は帰朝すると、文明開化の啓蒙を目的に「明六社」の結成を有識者によびかけた。欧米の文化文明の学ぶべき点は学ぼうという意識からである。ただちに福沢諭吉、津田真道（法制学者）、西周（哲学者）、加藤弘之（のちに東大総長）、神田孝平（のちに貴族院議員）らが呼応し、活動を開始した。

有礼も改革を強く意識している宗教の自由や教育の問題などを俎上に載せて論じた。彼は教育の問題では、とくに女子教育を重要視して、女性の地位向上に努めた。その主張として彼は『明六雑誌』に「妻妾論」なるものを発表している。表記の文章はその一部であり、現在の男女平等まではいかないが、当時にあってはたいへん進歩的な意見であったことはたしかである。有礼は自分のこのような考えを実際に示そうとして、明治八年（一八七五）自分の結婚式に際して、立会人のもとで相手の女性と婚姻契約書を交わし、お互い対等であると宣言した。世間は、珍しがるやら、不思議がるやらだったとか。

明治十八年（一八八五）内閣制度ができて初代総理大臣に伊藤博文が就任すると、有礼は文部大臣を拝命した。しかし、彼の自由主義的な振る舞いには、わが国風に合わないとして排斥する者も少なからずいた。それが現実のものとなったのが、明治二十二年（一八八九）二月の大日本帝国憲法公布の日であった。式典に参列しようとしていた有礼を一人の刺客が襲って暗殺したのだった。享年四十三歳であった。

参考文献
『森有礼全集』（宣文堂書店）　『森有礼』大久保利謙　『森有礼の思想』坂元盛秋（時事通信社）

洋書・医療品を取り扱って文明開化に貢献

早矢仕有的

【はやし　ゆうてき】

（天保八年～明治三十四年　一八三七～一九〇一）

語録

われら不羈自由、わが欲するところをなすべき日本人なり。日本人なれば、日本全国の繁盛をはかり、日本国人の幸福を助けなさざるべからず。

ペリー提督の黒船来航が契機となって、横浜が開港場になったのは安政六年（一八五九）。一寒村にすぎなかった横浜は、またたくまに日本でもっとも近代的で進歩的な都市となって栄えた。平成二十一年（二〇〇九）は開港から数えて一五〇年目。いろいろと開港記念祭の行事が行われた。その一〇〇年前の明治四十二年（一九〇九）には同様に開港五十年祭が盛大に催された。その行事の一つとして横浜貿易新聞が企画したのが、「横浜市の繁栄に貢献した六大偉人」という市民参加の投票募集だった。面白いアイデアが受けて、大いに盛りあがった。

その最終結果の発表で、六大偉人の一人に選ばれたのが早矢仕有的であった。彼はすでに八年前に故人になっていた。それでも市民はこの人物を忘れていなかった。

それほどの人である早矢仕有的は、現在の日本の代表的書籍商である〝丸善〟の前身になる丸屋商社を創業した人であった。有的はその他に、横浜正金銀行（現・三菱東京ＵＦＪ銀行）、明治生命、貿易商会などの設立に関係した。彼はそして、「わが国の商売が外国の支配下に置かれていては、損失が大きい。よろしく対等の立場をつくりあげ、実業立国を図るべきである」と主張していた。横浜市民はそのような企業魂を持っていた有的を忘れないでいて、〝六大偉人〟として顕彰したのであろう。

ところで、その有的はというと、すでに医者として一家を成していたが、それを捨てて企業家になった異色の人物であった。

有的は天保八年、美濃国武儀郡（岐阜県山県郡）で生まれた。父は医者だったが、彼の出生前に死亡していた。彼は亡父の跡を継いで医者になることを志し、名古屋に出て蘭学と西洋医術を学んだ。めきめきと修学の実をあげた彼は、十七歳で故郷に帰り、村医者として人々の脈をとった。その熱心さと腕の確かさに、村人は尊敬と信頼を寄せた。

患者の一人に、近村の庄屋の高折善六という人がいた。この人は有的の非凡な才能を見込み、「江戸で大成なさりませ」と言って、有的の養父を説得し、一〇両を贈った。おかげで、二十二歳の有的は再び勉学の機会を得て江戸に出た。彼はこの機会をつくってくれた高折善六を恩人として終生感謝した。

その有的がやがて、まったく未知の実業界に転進する動因となったのは、福沢諭吉との出会いだった。彼は英学からも新知識を得ようとして、慶応三年（一八六七）三十歳の時、諭吉の主宰する慶応義塾に入った。その塾で諭吉は、英学知識をもとにして盛んに実業立国の思想ならびに方法論を説いていた。有的はその思想に共鳴し、三歳年長にすぎない諭吉を師と仰ぐのみならず、自らその思想実践の使徒として実業家になる決意をしたのだった。

こうして有的が未経験の実業界に第一歩をしるすのが、明治二年（一八六九）横浜に開業した丸屋商社であった。屋号に〝丸〟をつけたのは、丸い地球を意識したもので、貿易を意図していた。彼はこの時、設立趣旨ともいうべき「丸屋商社の記」を著わし、経営方針から組織内容までを明確にした。表記の言葉は、彼が謳いあげた経営理念で、気概に満ちみちている。そして、理念に沿った事業はというと、「いま日本でもっとも進歩の遅れているものを助けるのでなければならない。それは教育と医学である」との認識から、その両方に関係する洋書、医療器具、医薬品の輸入・販売であった。

有的はまた、この事業を軌道にのせるには、なによりも社員の能力向上が大事と考え、その一環として明治五年（一八七二）からは、社内に夜学を設け、英語をはじめとしてそのほかの外国語から商業的知識までを勉強できるようにするなどした。

折から文明開化の夜明けのときであり、人々は西洋の新知識や物産を必要とした。丸屋商社はまさにその文明開化の先鞭企業として時流にも乗り、大いに発展した。明治十二年（一八七九）には株式会社丸善商社に改組して、本社を東京日本橋に移した。この時、有的が社名に〝善〟の字を入れたのは、恩義を感じている高折善六への報恩の気持ちを表したものといわれている。

有的は明治三十四年（一九〇一）、福沢諭吉が死亡した二週間後に、師の後を追うように六十四歳の生涯を閉じた。

参考文献

『早矢仕有的伝』蛯原八郎（「明治文化研究」誌）　『横浜商人とその時代』横浜開港資料館編（有隣新書）　『丸善社史』司忠（丸善）

武士を捨て両替屋から運を摑んで〝金融王〟へ

安田善次郎

【やすだ　ぜんじろう】
（天保九年〜大正十年　一八三八〜一九二一）

語録

運という字を解いてみると、「ハコブ」なりである。すなわち我身で我身を運んで行かなければ、運の神にあうことも運の神に愛せられることもない。運は確かにこの世に存在しているものとすれば、そこまで自分が行って取る。それがすなわち「運はハコブなり」である。

右の言葉は〝金融王〟と呼ばれた安田善次郎が晩年、「人間世に処するの道」と題して雑誌に発表した談話の一節である。運は摑みとるもの、つまり積極的に行動することの大事さを言っているのであるが、彼の一生はまさにこれであった。積極果敢な行動力で安田銀行（現・みずほ銀行）を創業・経営し、金融王と称せられるまでになるのである。

善次郎のその金融王への道は、露天の両替屋を開いたのに始まるが、さらにさかのぼると、武士を捨てて商人の世界に飛び込んだことにある。

善次郎は天保九年、越中富山藩の下級藩士の家に生まれた。下級ではあっても、士農工商の一番上である。なのに彼はその身分を捨てて、もっとも低い商人になろうとした。その動機は、金の力の凄さを思い知らされる場面を見たことにあった。

当時はほとんどの藩が財政は火の車だった。富山藩も例外ではなく、大坂の豪商から金を借りていた。そこの手代がある時、富山にやってきた。すると、勘定奉行が供廻りらを従えて、城下はずれまで丁重に送り迎えをした。この光景を見た善次郎は、「町人でもお金を貸していれば、勘定奉行が頭を下げる。お金の威光はたいしたものだ。とにかくまず千両の分限者になろう」と一念発起した。そして、父に切願するが、武士を捨てることを許してはくれない。家出をするなどして、ようやく父が諦めてくれて、江戸に出たのが安政四年（一八五七）、十九歳の時だった。

善次郎はすぐに両替商を兼ねる問屋に丁稚奉公で住みこんだ。彼は熱心に働いて、商売のコツを覚えると同時に、こつこつと銭をためた。六年目に五両の蓄えができたところで、彼は独立を決意した。

しかし、資本五両では、とても一軒店を張ることなどできない。ではどうしたかというと、善次郎は日本橋小舟町の四つ辻に戸板一枚を敷き、銭を並べて、露天の両替屋を開いたのである。これが文久三年（一八六三）のことで、物見高い江戸っ子に珍しがられ、しかも誠実さと目利きの確かさで信用も得て、繁盛した。

一年後には、店を構えるまでになった。善次郎は、幕末の世情騒然たるなかで、両替商たちがあまり手を出したがらない幕府の古金回収にも積極的に協力するなどして、大きな利益をあげた。

やがて明治新政府が樹立すると、善次郎はここでも商機を摑んだ。

それは、過去に例のない「太政官札」という紙幣の発行だった。新政府は財政の逼迫に苦しみ、西洋で発達している紙幣なら簡単に発行できるとばかりに発行にふみきった。だが、人々はペラペラ紙に値打ちを感じないし、新政府そのものもまだ信用していないので、太政官札はたちまち従来貨幣の半分以下にしか通用しなくなった。暴落したこの紙幣を、善次郎は積極果敢に買い占めた。そこには、彼の確固とした読みがあった。

古来、通貨政策に失敗した政府は倒れる。明治政府も威信にかけて太政官札の信用回復を図るにちがいない。善次郎の読みは的中し、政府は厳重な布告を出すなど対策を講じた。そのため、額面どおりに価値を回復し、彼は一挙に三倍近い利益をあげた。しかも、政府を信用したというので政府からも信頼され、官金取り扱いをまかされた。

　こうして資金と信用を蓄積していった善次郎は、明治十三年（一八八〇）に安田銀行を設立した。ちょうどその頃、政府は近代的金融基盤の確立のための中央銀行設立を意図していた。善次郎もその必要性を痛感しており、実現に協力した。そして、明治十五年（一八八二）に中央銀行として日本で唯一の発券銀行たる日本銀行が設立された。善次郎はその理事に選ばれて、ますます金融業界での地歩を固めた。

　また、彼は零細な預金も積極的に受け入れるなど、一種の大衆路線経営で大きな成果をあげた。やがて安田銀行は、第一、三井、三菱、住友と並んでビッグ・ファイブといわれる大銀行になった。

　安田は明治の終わり頃には、銀行二〇行、生命保険、損害保険など計二九社を擁する安田財閥を形成していた。これすべて自分で運んでいって運を摑みとった結果であった。

参考文献
『安田善治郎伝』矢野竜渓（中公文庫）　『富之礎』安田善治郎（昭文堂）　『安田銀行六十年誌』（安田銀行）

赤字の官営工場を軌道に乗せて〝セメント王〟に

浅野総一郎

【あさの　そういちろう】
（嘉永元年～昭和五年　一八四八～一九三〇）

語録

信用は貴重な資本である。信用の薄弱なものは到底健全な成功を望むことは出来ない。しからば、信用はいかにすれば得られるかといえば、徳義を重んじ約束を守る人にして、初めてこれを期待することができるのである。

積極果敢に新しい事業に挑戦

江戸時代まで日本には、セメントというものはなかった。明治になって、建築や港湾設備の工事に洋式の技法がとり入れられると、とたんにセメントの需要がでてきた。そこで政府は、明治六年（一八七三）に官営の深川摂綿篤（セメント）製造所をつくった。だが、技術が未熟で輸入セメントに抑えられ、業績は伸びなやんだ。

業績不振に音を上げた政府は、十一年に製造所を閉鎖してしまった。これに目をつけたのが浅野総一郎であり、払い下げを受けて、見事にセメント事業を発展させた。彼はこの成功によって〝セメント王〟と呼ばれ、さらには浅野財閥も形成するが、人生の前半の職業遍歴は波乱にみちていた。

総一郎は嘉永元年、越中富山の医者の家に生まれた。だが、医者になるのはいやで、根っからの商売好き、事業好きであった。早くも十四歳の時、人を雇って縮み機《ちぢばた》を織らせ自分で売り歩く商売を始めた。以後、次々と事業を手がけるが、ほとんどは失敗、「あいつは総一郎ではなく、損一郎だ」と後ろ指をさされるありさまだった。ついには借金取りに追い回される羽目になり、明治四年（一八七一）二十四歳の時、母が工面してくれた一五両を持って、夜逃げ同然で東京に出た。

それでもこりずに、総一郎は事業欲を燃やす。まず手始めにやったのが、お茶の水で冷たい清水をくみ、砂糖をまぜた「冷やっこい水」売り。彼にすれば、これも立派な事業である。続いて横浜に出て、味噌や握り飯を包む「竹の皮」製造販売などをやった。それらのなかで、とくにかわっていたのが、公衆便所の経営だった。

総一郎は開港都市の横浜に公衆便所のないことに目をつけた。さっそく県庁にかけあって、「公衆便所を自分が建てるかわりに、糞尿処理の権利をもらう」という契約をし、しかも建築資金は県から借りて、市内六〇個所に設けた。人々は便利なものができたと喜んで、どんどん利用する。だから、糞尿はどんどんたまる。実は、彼がねらっていたのは、この廃物、糞尿の価値だった。

明治十年頃の横浜は市街地をはずれると、そこはもう広大な農地であった。当時は化学肥料などはないので、農家は肥料として糞尿を用いた。総一郎の着目はそこであり、ただで入る糞尿という商品を毎日公衆便所からくみ取り、荷車に積んで農家に運び、販売したのである。当時、月給を一五〇円も取れば相当なエリートといわれたが、彼の月の儲けは三〇〇円はあったという。しかも、この事業は社会的にも貢献するという意義があった。

そのうち、この仕事は、月三五〇円出すから下請けさせてくれという業者が現れ、総一郎はなにもしなくても、それだけの収入を得るようになった。

それだけではない。総一郎は公衆便所経営の経験から肥料の重要性を知り、今度は人造肥料すなわち化学肥料に目をつけ、明治二十年（一八八七）には大日本人造肥料株式会社を創立している。

表記の言葉は、事業家として成功した総一郎が『実業之日本』という雑誌に、「余が実験せる独立自営」と題した寄稿の一節で、示唆にとんでいる。

社会性も独創性もある事業を果敢に

語録

運は寝て待てといわれるが、これはウソだ。運は水の上を流れている。生命がけで飛び込んで摑む度胸と、摑んだ運を育てる努力がなければ、運はわが身にやどらぬ。

総一郎は横浜では薪・木炭も商い、明治八年（一八七五）からは市営の瓦斯《ガス》局に石炭を納入した。そこでもまた、彼は廃物になっているコークスの活用に着目した。

石炭を高温乾留してガスをつくると、残骸としてコークスが出るが、当時は利用法がわからず、瓦斯局はこの廃物の始末に困っていた。自ら車を引いて石炭を納入していた総一郎は、燃料として使えるのではないかと、この廃物の山に目をつけた。

目先のきく彼が、これを深川セメント製造所の技師に頼んで調べてもらうと、はたして燃料に活用できるという。彼は早速コークスの山をただ同然で引き取り、船で運んでセメント製造所に売った。元値が元値であるから、安く売っても利益は大きかった。

これによって東京に販路を開いた総一郎は、王子製紙にも石炭・コークスを納入するようになった。王子の経営者だった渋沢栄一は、人足とともにまめまめしく働く彼に目をかけた。

その頃、セメント需要は年々増えているのに、深川セメント製造所の業績はいっこうに振るわなかった。技術が未熟なうえ、お役所仕事の放漫さで、輸入セメントに太刀打ちできないのである。赤字つづきに音を上げた政府は、明治十一年（一八七八）に運転を止めた。

セメント事業の将来性を洞察していた総一郎は、経営を引き継ぎたいと考えた。渋沢にそれを話すと、将来性を危惧して、思いとどまるよう諭した。これに対して総一郎は、「いや、将来性はあります。それに火事にならない建物をどんどんつくるためにも、セメント製造は社会的に大事な事業です」、と主張してひるまなかった。

渋沢が総一郎の熱意に動かされて工部省に働きかけ、総一郎は渋沢の保証のもとに経営をゆだねられることになった。明治十四年（一八八一）のことであった。それからの彼は夫婦で工場の長屋に移り住み、朝から晩まで働きに働いた。その努力がみのって業績が軌道にのった明治十六年（一八八三）、政府は深川セメント製造所を正式に彼に払い下げた。

これが浅野セメント（現太平洋セメント）の発祥で、やがて総一郎の事業の中心になり、日本を代表するセメント企業に発展する。これによって事業家として成功した総一郎は、あくなきベンチャー精神で、海運、炭鉱、ビールなど、興した企業は多方面にわたった。

そのような事業家としての総一郎を高く評価して資金的援助を惜しまなかったのが、前項にとり上げた安田善次郎であった。

善次郎は石橋を叩いてからようやく渡るといわれるほど、慎重、堅実な銀行経営者。だが、社会的な意義が大きいと判断した事業には、少々危険であろうとも惜しみなく資金的援助をした。総一郎の事業も社会性があり、独創性もあると高く評価して、善次郎はよき後援者になったのである。

その支援の最たるものが、総一郎の手がけた京浜鶴見地区の埋立事業と港湾開発であった。それは明治も終わり頃であるが、総一郎は一五〇万坪に及ぶ膨大な埋立地を造成し、巨大船舶も出入りできるようにするという構想だった。しかし、広げた風呂敷が大きすぎ、またその意義と成功も計りかねて誰も賛成する者がいない。

それに真っ先に協力したのが、安田善次郎であった。善次郎からすれば、総一郎のこの野心的事業は国家公共の見地からもやらねばならない事業であった。善次郎も以前に東京湾築港の計画を立てて果たせなかったことがあり、その夢を総一郎に託す思いも強かった。それゆえ、真っ先に協力を申し出て、三七〇〇万円という大金を年利五分の一、五年据置きという採算度外視の社債で賄う措置をとった。これで、賛成する者が相次ぎ、大正二年（一九一三）に着工の運びとなった。これが今日の一大京浜工業地帯である。

なお、安田善次郎については、陰徳としての寄付行為をここに付記しておきたい。彼は意味のないたかりのような寄付の要請には、びた一文たりとも応じなかった。ゆえに、富豪のくせにケチ善などと陰口をたたかれた。しかしそうではなく、真に意義のある事には寄付を惜しまなかった。その一つが彼の晩年の東京市と東京大学への、文化事業や教育事業に役立ててくれという巨額の寄付であった。しかも、名前を出さないでという条件であった。

それから間もなく、寄付を強請《ゆすり》のように求めてきた男がいて、善次郎が断ると、男はやにわに短刀を突きつけて善次郎を刺殺した。大正十年（一九二一）のことであった。

善次郎の寄付による二つの事業は順調に進捗し、東京市が建てたのが今も文化芸術の殿堂として使われている日比谷公会堂である。もう一つの東京大学の建物には、大学当局がぜひ顕彰すべきだとして、彼の名を冠した安田講堂がある。

ところで、取り上げた表記の総一郎の言葉の、なんと善次郎の言葉とにていることか。二人とも積極果敢に事業家人生を生きたればこそ、〝運〟をそう断言できたのであろう。

参考文献
『浅野総一郎伝』北林惣吉（千倉書房）　『浅野セメント沿革史』（浅野セメント）　『財界巨人伝』河野重吉（ダイヤモンド社）

直接貿易で財を築き近代化事業を積極的に起業

大倉喜八郎

【おおくら　きはちろう】
（天保八年〜昭和三年　一八三七〜一九二八）

語録

浮世の諺にも、英語ですが、コマース・イズ・トラブル、これは商業は錯雑なものである、ゴタゴタして面倒なものであるという諺でございます。これに打ち勝たなければなりません。（中略）第一忍耐、勉強、勇気、信用、これだけ持っていれば、錯雑でゴタゴタした面倒に勝って、はじめて成功するのであります。

大倉喜八郎は、日本で最初の貿易会社を経営した起業家、と言ってもいいかと思う。

喜八郎は天保八年、越後の新発田（新潟県）で名主の家に生まれたが、商人になって一旗あげようと、十八歳で江戸に出た。それからの彼の人生は波乱にとんだものだった。質屋の奉公人に始まり、明治になると貿易業者となって万丈の気をはき、ついには小型ながら大倉財閥を形成して鉱業、建設、ホテル、電力、ビールなど、新しい事業分野に積極的に進出した。その来し方を振り返って、彼自身晩年に、

渡り来し浮き世の橋のあと見れば
　生命にかけてあやうかりけり

と、狂歌を詠んだりしている。

その跡を追ってみると、まず麻布飯倉の質屋に住み込みで奉公した。三年後にはわずかな資金で独立し、下谷に間口二間の大倉屋という乾物屋を開いた。店は繁盛したが、十年後の慶応二年（一八六六）、喜八郎は商売替えをした。扱う商品は鉄砲だった。

時は幕末の激動期。いずれ幕府対反幕府の戦いが起こると、喜八郎は読んだ。ならば、鉄砲が必要になると考え、武器商に替わったのである。彼はこの時、乾物屋をたたむと、武器商店で再び奉公人になり、鉄砲商売のいろはを二年間学んだ。そして、横浜の外人武器商人とも知り合いになったうえで独立したのだった。

といっても、大量の鉄砲を仕入れておくほどの資金的余裕はない。喜八郎は諸藩の江戸藩邸を回って注文を受けると、前金をもらって、横浜へ夜道をかけて駕籠をとばすのである。途中には強盗の出る物騒な場所もあるので、彼はピストルの引き金に手をかけたままで突っ

走った。そして、とって返して納入する。その素早さが受けて、鉄砲商は当たりに当たった。

喜八郎は武器商として活動したことで、事業家として飛躍する機運を摑んだ。しかし、彼はこの商売をつづける気はなかった。彼が次にやろうと決心したのは、外国貿易であった。彼はこれまで横浜に足を運び、居留地の貿易にふれて実態を知った。その居留地貿易は居留易とか商館貿易と呼ばれていたが、つまりは外国商人が主導権を握った貿易であった。彼はそれを残念に思い、居留地を通さずに対等な立場で輸出も輸入も行う直接貿易（直貿易）の企業を自ら興すことを決意したのである。

そうと決めると、この男の行動は早い。まず現地を知らねばならないと考え、通訳を雇って欧米見聞の旅に出た。それが明治五年（一八七二）で、彼は米、英、仏、伊などを歴訪し、翌六年に帰国すると、さっそく銀座に大倉組商会（のちに大倉商事）を設立した。直貿易を目的とした会社であり、のちの総合商社の先駆けをなすものであった。

大倉組商会はまず、ラシャ、毛布、洋服など繊維類の直接輸入から始めて、やがて日本商品の直接輸出も始めた。喜八郎はこの直貿易の成功で財力をつけると、今度はそれを近代企業の振興に大きく活かした。ここに彼の近代企業家としての真骨頂があった。

彼が興したそれら主なものを挙げてみると、東京電灯（現東京電力）、日本化学工業、札幌麦酒（現サッポロビール）、北海道大倉農牧場、日清豆粕製造（現日清製油）、日本土木、宇治川電気、日本皮革、入山採炭、東海紙料、帝国製麻、帝国ホテル、帝国劇場など、まことに多彩である。

喜八郎はまた、「実業は国の本である。実業軽視の風を改めたい」と口癖のように言っており、商業教育のために自ら私財を投じて大倉高等商業学校（現東京経済大学）を創立した。表記の Commerce is Trouble の話は、明治三十七年（一九〇四）、大倉高商の第一回卒業式の祝辞の中で、喜八郎が述べたものであった。

この言葉はそのまま喜八郎の事業家人生であり、彼が忍耐、勉強、勇気、信用で切り開いた一生を閉じたのは、昭和三年（一九二八）、九十二歳であった。

参考文献
『大倉鶴彦翁』（米寿祝賀記念出版・鶴友会）　『人間大倉喜八郎』横山貞雄（万里閣書房）　『鶴彦翁回顧録』（大倉高等商業学校）

日本を富ませる志のもとに輸出専門の貿易に進出

森村市左衛門

【もりむら　いちざえもん】
（天保十年～大正八年　一八三九～一九一九）

語録

金の流出を防ぎ、日本をよくするには、日本も外国へ品物を売って、金を持って来なければいけない。そうして国をだんだんよくするには、どうしても外国貿易をやらねばならぬというので、ついに外国貿易を始めたのである。

居留地貿易の不利を痛感して

森村市左衛門も前項の大倉喜八郎と同じように、居留地貿易に疑問をもち、直接貿易にのりだした。しかも、彼が主眼としたのは、日本品の輸出だった。その輸出事業のなかで彼が育て、欧米で知られたのが、〝ノリタケ・チャイナ〟と呼ばれた陶磁器であった。

市左衛門がそのような企業家になる契機は、開港した横浜の居留地から珍しい品物を仕入れてきて売るという唐物《とうぶつ》商を始めたことにあった。といっても、最初から高い意識があったたわけではない。当初はただ家の再興を願って、金儲けをしようとの思いにかられての、居留地とのかかわりであった。

市左衛門は天保十年、江戸ではちょっと知られた武具商の家に生まれた。ところが、彼が十七歳の安政二年（一八五五）、江戸の大震災で京橋にあった彼の家は全焼し、いっさいを失った。彼は家の再興を心に誓い、露天商人になって銀座の路上に財布やタバコ入れなどの袋物を並べて売った。それを続けているうち、ハリスが来日して日米修好通商条約が結ばれ、安政六年（一八五九）横浜が開港して居留地貿易が始まった。市左衛門はこれに目をつけ、珍しい舶来品を居留地で仕入れてきて売る唐物商になった。

当時は外国人を唐人と総称していたので、舶来品を売る商人は唐物商と呼ばれた。市左衛門はその唐物商になり、あちこちの藩邸にも出入りして売るということをした。その出入り先の一つに外国奉行の新見豊前守の屋敷があったが、ある日そこから呼び出しがあった。何用かと思って行くと、新見豊前守が条約批准の使節としてアメリカに渡ることになり、「そなたが唐物を扱っているのを見込んでの頼みであるが、ドルを調達してくれ」との用命であった。彼はこの時のことを晩年、次のように語っている。

「先方は日本の小判では通用しないそうだ。メキシコドルというものを持っていかねばならぬ。どうにかしてくれ、とのことである。私もそんなことやったことはありませんが、横浜には始終行きますから、やってみましょう。そんなわけで、徳川の金庫から小判と一分銀との千両箱を三十箱担がせて、警護の武士がぞろぞろついて、私が案内者となって横浜に行き、米一番館へ談判して取り替えた。相場はいくらで何をするか知らない。向こうから渡され次第である。そのメキシコドルをこっちから持って行った箱へ入れて受け取ってきた」

この時から、市左衛門はどうも損をしたのではないかと、ドル交換に疑問をもつようになった。そして、横浜に行くたびに、ドル交換や貿易のやり方を考えるようになった。

そこへ、咸臨丸で使節団に随行していた福沢諭吉が帰国してきた。諭吉のいる中津藩邸も出入り先の一つだったので、市左衛門は訪ねて行って、自分の疑問をぶつけ、教えをこうた。諭吉から外国貿易についていろいろ知識をさずけられた彼は、居留地貿易だけに頼っていてはならないことを痛感した。そして、こちらから押し出していく直接貿易を心に決めたのだった。その時の気持ちを、彼はのちに表記のように語っている。

こう決心した時、市左衛門は二十一歳であったが、ここにはすでに森村家の再興にかける事業欲だけでなく、日本のためにもという、彼が終生もちつづけた企業家精神が芽生えている。大成への、大事な第一歩だったといえるだろう。

「ノリタケ・チャイナ」を世界の一流品に

語録

いかに進取の気性に富み、利を見ることに鋭敏であっても、こればかりでは、立派な事業家ということはできない。自分の利益を図ると同時に、国家あるいは公共の利益にも貢献するところの堅き信念がなくてはならぬ。この信念を欠いていることが、今日の事業家の信用のない大原因というべきではないか。

しかし、二十一歳の若造で徒手空拳、しかも目指すのは輸出専門の直接貿易であってみれば、外国に拠点ももたなければならない。資金づくりからして大変で、実際にその事業を始めたのは明治九年（一八七六）、彼が三十七歳のときだった。

市左衛門はその前、十五歳年下の弟である森村豊を福沢諭吉の慶応義塾に入れて、英語や洋式簿記などを学ばせた。外国の現地に店を出し、そこを弟にまかせる準備である。したがって、さらには豊をニューヨークの商業学校にも勉強に出した。

これだけの用意をして、市左衛門は弟とたった二人の森村組を資本金三千円で設立し、ニューヨークに森村ブラザースという小さな店を開いた。豊がニューヨークで売る人、市左衛門が商品を調達する人という役割分担であった。横浜で舶来品に日本人が群がったように、ニューヨークで日本品を売れば、アメリカ人が喜んで買うであろう。これが森村ブラザースの開店意図であった。

その意図のもとに、市左衛門は何が喜ばれ、何が珍重されるかを慎重に考え、骨董品、陶器、銅器、扇子、提灯、人形の類を仕入れて送った。いうなれば東洋趣味の品々であったが、その見込みは的中し、信用も大事にしたので森村ブラザースの店は繁盛した。

市左衛門は現地の視察のため、明治十三年（一八八〇）に初めて渡米した。このとき、彼は欧米の硬質陶器と比較して、日本製の陶器には大きな欠点があることに気づいた。それは壊れやすくて染め付けも粗雑なことだった。森村組の輸出品の中で、日本製陶器はもっとも大きなシェアを占めつつあっただけに、これは看過できない問題だった。

弟の豊もこの機会をつかんで兄に、西洋人の生活必需品であるコーヒー茶碗や肉皿など、いわゆる洋食器を日本で製造して輸出してはどうか、と提案した。弟のこの発言は、市左衛門の企業家精神を突き動かした。今までは茶碗や急須、徳利といった日本趣味の陶器の輸出であった。しかしこれには限界がくるだろうから、大きな事業にするためには、豊の提案を入れるべきだと、彼は判断した。

それからの市左衛門は、横浜でフランス製のコーヒーカップを手に入れ、同等のものを作りだす研究と試作を各陶業地に依頼してまわった。失敗の連続だったが、そのうち愛知県瀬戸の職人の協力でなんとか開発にこぎつけた。そして、日本風の絵模様を焼き付け、森村ブラザースで売り出すと、絵柄のエキゾチシズムも受けて大好評を博した。

これによって森村組は大きく発展したが、市左衛門はまだまだ品質的には不満で、ついには自ら生産にのりだし、明治三十七年（一九〇四）名古屋市近郊の則武《のりたけ》町に日本陶器株式会社を創業した。ここで生産される洋食器は「ノリタケ・チャイナ」のブランドで世界各地に輸出され、やがて品質、デザインとも世界一流との評判をとった。

このような事業家であった市左衛門は、日本陶器を創業して何年か後、経済雑誌のインタビューで表記のように自分の信念を語った。傾聴に値するものがある。

市左衛門はまた、男女間に差があるかぎり日本は一流国になれないという考えから、自ら森村学園を創設して女子教育に力をいれ、八十一歳の生涯を終えるまで校長を務めた。

参考文献
『森村翁言行録』若宮卯之助（ダイヤモンド社）『独立自営』森村市左衛門（実業之日本社）『土と炎』岡戸武平（中部経済新聞社）

原野だった〝丸の内〟を近代的ビジネス街に開発

荘田平五郎

【しょうだ　へいごろう】
（弘化四年～大正十一年　一八四七～一九二二）

語録

無学の者はある程度までは物事をやるが、それ以上はまことに困難である。いわんや多人数を使用し、大事業をなすということはおぼつかない。（中略）それでこの意味において、一生学問をなすという心がけを忘れてはならぬ。

荘田平五郎は、すでに取り上げた岩崎弥太郎が慶応義塾の福沢諭吉に懇請して三菱に入れた人材であった。

弥太郎は事業を近代的に発展させるには、商売に学問は無用という考えはまちがいで、むしろ学問のある人間が経営にあたるべきだと、早くに気づいた。そして、そのような人材を渇望した彼は、慶応義塾卒業生の入社斡旋を福沢諭吉に願いでた。

諭吉はこれを受け入れたが、肝心の卒業生に応じる者がいない。なにしろ新興会社の三菱を世間は「大山師である」などと噂していたので、誰も行きたがらないのである。そうしたなかにあって、諭吉が白羽の矢を立てたのが荘田平五郎であった。

平五郎は弘化四年に豊後国臼杵《うすき》（大分県）で武士の家に生まれた。十七歳の時、藩から英学修業を命じられて江戸に出た。彼は未知の世界の知識をむさぼるように学び、いったんは故郷に帰るが、明治二年（一八六九）再び江戸に出て、すでに評価の高かった慶応義塾に入塾した。彼はここでたちまち頭角を現し、卒業後は塾の教師に抜擢されていた。

そこへ三菱入社の話である。平五郎もためらった。

この時、諭吉は愛弟子のために、わざわざ三菱の店を視察に出かけた。帰ってきた諭吉は次のように言って、平五郎に入社を勧めたという。

「三菱は世間の噂とは大ちがいで、山師なんかではない。皆よく働いているし、店にはおかめの面をかかげて、店の者たちに愛敬を重んじるよう教えている。あのおかめの面が私は気にいった。社長の考えがよく現れている。三菱は必ず大成する会社だ」

諭吉のこの観察は実に鋭い。まさにそのとおりで、岩崎弥太郎の客に対する奉仕ぶりはきめ細やかで、たとえば武士出身で頭の高い社員には低くお辞儀をする訓練までした。こうした配慮も、諭吉が見抜いたように、三菱発展の要因といえよう。

平五郎は明治八年（一八七五）、二十八歳で三菱に入社した。これが今日でいう学卒者の民間企業入社第一号ともいわれている。

弥太郎はこの若い人材を破格の地位と給与で待遇した。平五郎もこれによくこたえ、複式簿記の導入、社則の制定、組織の近代化などを実現させて、三菱の基礎を固めた。

明治十八年（一八八五）に弥太郎が急死すると、弟の弥之助が跡を継いだが、弥之助もまた平五郎を心底から信頼して経営の片腕とした。その信頼の現れの一つが、皇居前の一〇万坪におよぶ丸の内の買い取りだった。

丸の内は江戸城の本丸や二の丸のつづきで、いうなれば城の内という意味であった。江戸時代の丸の内は、諸大名が競って屋敷を構えた豪華な街であった。それが明治になり、五年（一八七二）に大火災が起こって、この屋敷街は大半が焼けた。以後、放っておかれたので、その頃の丸の内は草ぼうぼうの原野で、なんの価値もないと見られていた。これを二十二年（一八八九）、財政難に陥った政府が売りに出した。だが、誰も買おうとはしなかった。

その前年から、平五郎は欧州を視察旅行中で、日本から届いた新聞で丸の内売出しの記事を読んだ。彼は即座に電報を打った。

「マルノウチ　カイトラルベシ」

受け取った弥之助は、平五郎が何を考えているかも聞かず、丸の内を購入した。平五郎は欧州を視察して、日本の近代化にはオフィス環境の整備も急務であると考えた。そこにこの記事を読み、これこそビジネス街建設の適格地と判断して打電したのだった。

帰国した平五郎は、丸の内を東京の中心街にするという雄大な構想を練り、明治二十七年（一八九四）から実現に着手した。やがて鉄筋・赤レンガの整然としたビル街が開発され、丸の内は日本を代表するビジネス・センターとなった。

まさに平五郎の的確な先見力によるが、彼はこうした能力の発揮には学問がベースになると考え、社内に職工学校をつくるなどして、全社員の能力向上を図った。表記の言葉は、彼の社員への訓話の一節である。

参考文献
『荘田平五郎』宿利重一（対胸舎）　『財界人物我観』福沢桃介（ダイヤモンド社）　『三菱コンツェルン読本』岩井良太郎（春秋社）

相場師から転進して近代化産業を手がけた異色の企業家

雨宮敬次郎

【あめみや　けいじろう】

（弘化三年～明治四十四年　一八四六～一九一一）

語録

何事をするにも、自分は知恵のない者と思って、他人の知恵を盗んでくる。盗むというとおかしいが、「自分はこういうことをやるがどうだ」というと、他人は必ず「俺はこう考える」ぐらいの事はいう。そしてだんだん他人の知恵を集める。（中略）さながら蜜蜂が蜜を寄せるようなものである。

雨宮敬次郎という企業家には、かならずといっていいほど〝波瀾万丈〟とか〝七転び八起き〟などの形容詞がつけられる。また、フルネームで呼ぶよりは、〝雨敬《あめけい》〟と略して呼ぶほうが似合いもした。

つまり、型破りの異色経営者であったわけだが、興した事業は製粉、製鉄、鉄道、電力、鉱山など、いずれも近代産業の最先端に位置するものであった。

敬次郎は弘化三年、甲州（山梨県）の奥野田村で名主の家に生まれた。早くから商人になろうと志をたてていた。その頃、同じ甲州出身の若尾逸平・幾造兄弟が横浜の開港地を舞台に、生糸や洋銀の相場で華々しい活躍をしていた。これに刺激された彼は、明治三年（一八七〇）横浜に出て、持ち前の度胸を頼りに相場師になった。彼は大胆に相場を張り、一夜でお大尽になったかと思うと、翌日はその日ぐらしに陥ったりした。

その敬次郎が企業家になる転機は、明治九年（一八七六）の世界一周だった。相場で儲けたお金があり、「外国は進んでいるというが、どんなものか見てやろう」と、海外視察旅行に出た。

そこで見た欧米の産業規模の大きさは想像以上のもので、これまた持ち前の度胸で、自分もそのような事業を興してやろうと決心したのだった。

敬次郎は帰国した翌々年の明治十二年（一八七九）、アメリカから最新の製粉機を取り寄せ、東京深川に雨宮製粉会社（のちの日本製粉）を設立した。ところが、当時の日本の食生活には、洋風のかけらもないので、ほとんど売れない。そこで彼が目をつけたのが軍隊であった。小麦粉を原料とするパンやビスケットは日持ちがするので軍用食に向くとの読みである。そう判断すると、彼の行動は素早い。陸軍の権力者・三浦梧楼《ごろう》中将に単刀直入に近づき、見事に口説いて納入に成功した。

これを手始めに、敬次郎は次々と事業を興す。それらはいずれも公共性の高い事業であった。

明治二十一年（一八八八）から、新宿―八王子間の甲武鉄道の経営（現ＪＲ中央線）。
明治二十五年（一八九二）、東京市の水道用鋳鉄管供給の東京鋳造会社を創立。
明治二十六年（一八九三）、北海道炭鉱鉄道の経営に参加。
明治二十八年（一八九五）、岩手県の仙人鉱山を買収して製鉄業に着手。

そのほかにも水力発電など、彼は先駆的な事業に関係しているが、その中でも特記すべきは、東京の都電の始まりである東京市街鉄道の設立だった。

敬次郎は、東京の市街地に文明国らしい電車を走らせようと計画したが、規模が大きいうえ、建設上も種々の障害が予想された。しかも彼は、これは公共的な事業だから全線三銭均一の低料金で営業すると公言した。そのため、成功をあやぶんで株式の引き受け手がなかった。

ここで敬次郎が出資交渉の相手にしたのが、安田財閥の安田善次郎である。善次郎もはじめは断ったが、敬次郎の覚悟のほどを察すると、「大衆のためになる均一料金を堅持すること」を絶対条件にして、出資を承諾した。これによって、「あの安田が出すというからには、前途有望だ」とばかりに、たちまち株式の申込みが殺到した。

東京市街鉄道は、明治三十六年（一九〇三）から電車が走りはじめた。そこには社会大衆の利益になる事業ならこそという、二人の阿吽《あうん》の呼吸があっての実現であった。

このような企業家であった雨宮敬次郎は晩年、『過去六十年事蹟』という自伝を口述出版している。表記の言葉はその中に出てくる。

ビジネスにおける人間関係の大事さを言っているのだが、同時に耳学問の重要性も見事に表現しているように思われる。

参考文献

『過去六十年事蹟』雨宮敬次郎　『伝説の日本人』内橋克人（ダイヤモンド社）

日本初の洋式高炉を建てて産業近代化に寄与

大島高任

【おおしま　たかとう】
（文政九年～明治三十四年　一八二六～一九〇一）

語録

それ遠大の策は、まず大いに坑学寮をひらき、人をして窮理、分析、器械、地質、金石などの学に通じ、試鉱、相山、開坑、精鉱、鎔鉱の方法を明らかにして、試験練磨、歳月の久しきを経、ついに坑山の蘊奥《うんおう》を極むるに至って、始めてこれを実地に行わしむるにあらざれば能わざるなり。

大久保利通が唱導した殖産興業――その近代産業の発展のための原材料としてもっとも欠かせないのが鉄鋼である。そのことを、「鉄は近代工業の母」とも称する。つまり、製鉄業は重要な基幹産業ということであるが、日本で本格化するのは、ようやく明治三十年代からである。それも政府主導の官営製鉄所によってであった。

そこに至るまでの長い前史のなかで、もっとも早く製鉄の近代化に貢献したのが大島高任である。彼は厳密にいえば起業家ではないが、その事始めからは絶対はずせない人物である。

高任は文政九年、南部藩（岩手県）の盛岡で医者の家に生まれ、十七歳で江戸に出て西洋医学を学びはじめた。その過程で、彼は西洋の科学に興味をもった。なかでも冶金学が面白く、日本とはくらべものにならないほど進んだ製鉄法にひきつけられた。

日本の伝統的製鉄法はタタラ吹きといい、粘土で築いた釜に砂鉄と木炭を入れ、鞴子《ふいご》で熱しながら鉄にするという精錬法であった。だが、この技術では生産量はたかが知れている。それにくらべて、反射炉や高炉による洋式精錬は、安くて良質の鉄が大量に生産できる。

ところで、時代は幕末。日本の近海には西洋の船が出没するようになり、海防のための大砲鋳造から、にわかに鉄の需要が高まった。高任はその武器用とともに、鉄が民生面でも広い用途がある点に着目して、製鉄の研究に力を注ぐようになった。とはいえ、鉄の高温溶融に耐える煉瓦作りをはじめ、課題は山積だった。彼はそれらの知識や技術を蘭書と首っ引きで勉強した。

そうしているうち、嘉永六年（一八五三）にアメリカのペリーが黒船を率いて来航し、開国を迫った。これが危機意識をあおり、大砲製造熱はさらに高まって、良質の鉄を得るための反射炉築造にのりだす藩が現れた。水戸藩もその一つで、高任はその知識を買われて招聘された。

高任は藩内をくまなく歩いて、煉瓦作りに向く土の調査から始め、安政三年（一八五六）に反射炉を完成させ、そこから出炉する鉄で、大砲製造を見事に成功させた。他藩の反射炉には故障が多かっただけに、彼の名は一気に高まった。

水戸藩は、高任を高禄で召しかかえようとした。しかし、彼はこれを断った。なぜかというと、砂鉄を原料とするかぎり、大量の製鉄は期待できないので、彼としては良質の鉄鉱石から大量生産できる高炉の築造に挑戦したかったからである。

高任は郷里の南部藩に帰って鉱山探査にかかり、釜石仙人峠に埋蔵されている鉄鉱石に着目し、釜石に高炉を築造することを藩に献策した。しかし、藩はとり上げようとしない。そこで彼は自力での築造を覚悟で藩内の富豪を説いて資金援助を頼み、日本では未踏の高炉を築いた。安政四年（一八五七）のことで、日本で最初の洋式高炉であった。

ここから高任の関心は鉱業にも向かい、彼はこの分野でも先駆者となった。

やがて幕藩体制が崩壊して明治新政府が発足すると、高任は召命を受け、新設された工部省の鉱山権正として日本の鉱山開発という大任を託された。表記の一文は、彼が明治三年（一八七〇）に提出した坑学寮（鉱業専門学校）設置の建議の中で述べていることである。

ここには、基礎学問を重視しなければならないという高任の姿勢がにじむように現れている。それはまさしく自然科学系の産業発展には欠かせないことで、この提案は翌年早くも、工業全体に範囲を広げた工学寮（東京大学工学部の前身）の創設となって実現した。

また、明治四年（一八七一）、岩倉具視の使節団が欧米に派遣された際には、その一行に加えられた。目的は欧州の鉱山経営の視察で、帰国後は鉱山行政に当たり、七年（一八七四）には国立の釜石製鉄所を設立した。

高任はその後、〝近代鉱業の父〟と呼ばれる活動をし、最後は日本鉱業会会長を務め、明治三十四年（一九〇一）、七十六歳でこの世を去った。

官営八幡製鉄所（現新日本製鉄）の高炉が完成するのも同年であった。しかも、ここで初代技監を務めたのは、彼の息子の大島道太郎であった。親子二代にわたる製鉄事始めへの貢献というべきであろう。

参考文献

『反射炉の人大島高任』中貞夫（東亜書院）　『近代産業の父大島高任の生涯』堀内正名編（岩手東海新聞社）

あとがき

かねてご交誼をいただいている人材紹介業・イムカの武原誠郎社長のご好意で、月刊雑誌『日本の息吹』の編集者・坂元義久氏の面識を得た。そして、貴重なご誌面の提供をたまわり、「明治維新の群像―その実践語録」というシリーズタイトルで、四年間連載した。

これを一書にまとめたらどうかと、編集プロダクション章友社の代表・永原秀信氏が、国書刊行会の佐藤今朝夫社長にお引き合わせくださった。

そして佐藤社長から、「明治に入ってからの建国段階での人物も若干とり上げてみては」との助言をいただき、私も喜んでそれに従った。

こうした経緯で、この一書には維新の群像として四十名がとり上げられているが、彼らはすべて開明的な意識・姿勢で活動した人物である。しかも、彼らの活動分野は多岐にわたるが、大別すれば、政治の改革、経済の推進、文明開化の啓蒙と言ってもいいだろう。このような前向きの人々、すなわち改革や進歩を志した実践家によって明治の近代化は進んだ。

私はそういう思いで執筆し、それが一書にまとまり、読者と接することができる。その機会をお与えくださった方々には感謝の言葉も見つからず、ただただ深甚の謝意を表するのみである。

平成二十二年九月

森友　幸照

関連年表

年号	関連事項
嘉永六年（一八五三）	六月　アメリカのペリー提督が黒船四隻で来航し、開国を迫る。 十二代将軍徳川家慶が逝去する。 七月　勝海舟、海防意見書を幕府に提出する。 十月　徳川家定が十三代将軍に就任する。 この年、伊予宇和島藩主伊達宗城、大村益次郎を洋式兵学者として召し抱える。
嘉永七年（安政元年・一八五四）	一月　ペリーが再航し、三月に日米和親条約を結ぶ。 三月　吉田松陰、海外密航に失敗し、幕府より国許幽閉を命じられる。佐久間象山も連座の罪で国許謹慎となる。 七月　幕府は日章旗を日本国総船印に制定する。 この年、薩摩藩主島津斉彬は、下級藩士の西郷隆盛を庭方役に取り立てる。
安政二年（一八五五）	一月　勝海舟らが異国応接掛に任命される。 七月　幕府は長崎に海軍伝習所を設ける。勝海舟は入所生となる。木戸孝允、中島三郎助に造船術を学び、蘭学も学び始める。 この年、周防の僧月性、長州藩庁に討幕論の建言をする。橋本左内、越前福井藩主松平慶永（春嶽）の側近となる。

安政三年（一八五六）

七月　アメリカ総領事ハリスが来日し、下田に駐在する。

九月　吉田松陰、松下村塾を開く。久坂玄瑞、高杉晋作、伊藤博文、品川弥二郎らが入門する。

　中国でアロー号事件が起こり、イギリスと戦争になる。

十一月　大久保一翁、蕃書調所の頭取になる。

　大村益次郎、江戸で鳩居堂を開き、同時に幕府の蕃書調所の助教授になる。

十二月　島津斉彬の養女篤姫が将軍家定と結婚する。

安政四年（一八五七）

十月　ハリス、江戸入りして将軍家定に謁見し、アメリカ大統領の国書を奉呈する。

十二月　幕府の海防掛目付岩瀬忠震、ハリスと交渉して、日米修好通商条約の草案をまとめる。

　幕府は諸侯に日米修好通商条約の可否を下問する。

この年、津和野藩士西周、蕃書調所教授並になる。

安政五年（一八五八）

一月　老中堀田正睦が、日米通商条約の勅許を奏請するが、孝明天皇は許可しない。

四月　彦根藩主井伊直弼が大老に就任し、六月、勅許を得ないまま日米通商条約に調印する。

七月　将軍家定が逝去する。島津斉彬が急死する。

八月　水戸藩に戊午の密勅が下される。

九月　安政の大獄が始まる。

十月　徳川家茂が十四代将軍に就任する。

十一月　西郷隆盛と僧月照が鹿児島錦江湾で投身する。月照は死亡し、西郷は蘇生する。

十二月　朝廷が条約調印を認める。この年、福沢諭吉、豊前中津藩の江戸藩邸で蘭学塾を開く。

安政六年（一八五九）

六月　横浜、函館、長崎が開港し、貿易が始まる。

八月　大老井伊は岩瀬忠震、永井尚志ら改革派幕吏を処分し、水戸藩家老安島帯刀らに切腹を命じる。

十月　橋本左内、吉田松陰らが刑死する。

安政七年（万延元年・一八六〇）

一月　通商条約の批准使節が渡米する。随行艦咸臨丸の艦長として勝海舟が太平洋横断に成功する。
　　　福沢諭吉は軍艦奉行木村喜毅の従者として同乗する。
三月　桜田門外の変で、大老井伊直弼が水戸浪士らに暗殺される。
四月　大村益次郎、長州藩に取り立てられる。
八月　皇女・和宮の将軍家茂への降嫁が勅許される。
十二月　アメリカ公使館の書記ヒュースケンが、薩摩藩浪士に暗殺される。

万延二年（文久元年・一八六一）

四月　幕府の千歳丸に高杉晋作や五代友厚らが乗船し、上海に渡る。
五月　水戸浪士らが高輪東禅寺のイギリス公使館を襲う。
八月　武市瑞山が土佐勤王党を結成する。坂本龍馬が血判加盟する。
十一月　大久保利通、御小納戸役に抜擢され、島津久光の側近となる。
十二月　幕府の開市開港延期交渉の使節団が欧州に向かう。福沢諭吉が随行員に加わる。
この年、アメリカで南北戦争が起こる。

文久二年（一八六二）

一月　坂下門外の変で、老中首座安藤信正が傷を負う。
二月　将軍家茂と皇女・和宮の婚儀が執り行われる。
　　　西郷隆盛、流罪を許されて奄美大島から鹿児島に帰る。
三月　坂本龍馬、土佐藩を脱藩する。その後、勝海舟に面会し、弟子となる。
四月　島津久光が率兵上洛、幕府改革案を朝廷に提出する。
六月　西郷隆盛、再び罪を得て徳之島へ流される。
七月　三卿の一橋慶喜が将軍後見職に、松平春嶽が政治総裁職に就任する。
　　　横井小楠、春嶽の顧問となり、幕府に「国是七条」を建言する。
八月　岩倉具視、辞官落飾して、岩倉村へ隠棲する。

生麦事件が起こり、薩摩藩士が外国人四人を殺傷する。

閏八月　会津藩主松平容保が京都守護職に就任する。

幕臣の榎本武揚、津田真道、西周らがオランダに留学する。

十二月　高杉晋作や久坂玄瑞らが御殿山のイギリス公使館を焼き討ちする。

佐久間象山、蟄居赦免となる。

文久三年（一八六三）

三月　将軍家茂が上洛し、天皇に拝謁する。

新撰組が結成され、京都守護職の配下となる。

五月　長州藩が攘夷決行期日の五月十日に、下関海峡通航の外国船を砲撃する。

長州藩の伊藤博文、井上聞多ら七人がイギリスへ密航留学する。

六月　高杉晋作、奇兵隊を結成する。

七月　生麦事件報復の薩英戦争が起こる。十一月に和議が成る。

八月　八・一八の政変で、尊王派公卿七人と長州藩が京都を追われる。

十二月　一橋慶喜ら六人から成る参預会議が発足するが、翌年三月には解体する。

文久四年（元治元年・一八六四）

三月　佐久間象山、幕命により上洛するが、七月に暗殺される。

五月　勝海舟が神戸海軍操練所を設立する。坂本龍馬が塾頭にあげられる。

六月　池田屋騒動が起こり、宮部鼎蔵らが新撰組に殺される。

七月　禁門の変が起こり、長州藩は朝敵となる。

八月　英仏米蘭の四国連合艦隊が下関を砲撃する。

八月　第一次長州征伐の勅許が下るが、長州藩が三家老の切腹、四参謀の斬首で謝罪し、十二月に中止、解兵となる。

十一月　野村望東尼、藩を追われた高杉晋作を平尾山荘にかくまう。

		勝海舟、軍艦奉行を罷免され、蟄居謹慎となる。
元治二年（慶応元年・一八六五）	十二月	高杉晋作が挙兵し、藩論を幕府との対決にまとめる。
	三月	神戸海軍操練所が閉鎖される。
		五代友厚、薩摩藩の密航留学生を率いて欧州に渡る。
	六月	坂本龍馬、長崎に亀山社中を結成する。
	九月	第二次長州征伐の勅許が下る。
慶応二年（一八六六）	一月	坂本龍馬の尽力により薩長連合が成立する。その二日後、龍馬が幕吏に襲われて傷を負う。
	六月	第二次長州征伐が始まる。幕府側の敗北が続き、九月に和睦、停戦となる。
	七月	将軍家茂が大坂城で逝去する。
	十二月	一橋（徳川）慶喜が十五代将軍に就任する。
		孝明天皇が崩御する。
慶応三年（一八六七）	一月	明治天皇が践祚する。
	四月	将軍名代の遣欧使節団が出発。渋沢栄一は随行員に加わる。
		亀山社中は土佐海援隊と改称し、龍馬は隊長となる。
	六月	坂本龍馬、土佐藩参政後藤象二郎に「船中八策」を示す。
		高杉晋作が病死する。
	十月	将軍慶喜が大政奉還をする。
	十一月	坂本龍馬と中岡慎太郎が京都で暗殺される。
	十二月	王政復古の大号令が発せられる。その後の小御所会議で徳川慶喜の辞官納地が決められる。
慶応四年（明治元年・一八六八）	一月	鳥羽・伏見の戦いが起こる。戊辰戦争の始まり。
	二月	木戸孝允、版籍奉還を建議する。

三月　有栖川宮が東征大総督に任命される。西郷隆盛が総参謀となる。
　　　勝海舟と西郷隆盛の会見で、政府軍の江戸総攻撃が回避される。
　　　「五箇条の御誓文」が発布される。
四月　江戸城が無血開城する。
五月　大村益次郎の指揮で、上野の彰義隊を討伐、鎮圧する。
　　　日本最初の紙幣・太政官札が発行される。
七月　江戸を東京と改称する。
九月　明治と改元し、一世一元の制を定める。
十月　江戸城が皇居となる。

明治二年（一八六九）

一月　横井小楠が京都で暗殺される。
　　　薩長土肥の四藩主が版籍奉還を上奏する。
三月　明治天皇が東京に遷都する。
五月　五稜郭の戦いを最後に戊辰戦争が終わる。
九月　大村益次郎が刺客に襲われ重傷を負い、十一月に死亡する。
　　　平民の苗字使用が認められる。
十二月　東京ー横浜間に電信が開通する。

明治三年（一八七〇）

五月　集議院が開院する。
六月　官営前橋製糸所が設立される。
十月　兵制統一が布告される（陸軍は仏式、海軍は英式）。工部省が設置される。
　　　岩崎弥太郎が九十九商会（後の三菱）を設立する。

明治四年（一八七一）

五月　新貨条例が制定され、呼称が円・銭・厘となる。

明治五年（一八七二）

七月　廃藩置県が実施される。関所鑑札を廃止し、旅行が自由になる。
十一月　岩倉具視を大使とし、木戸孝允、大久保利通を副使とする使節団が米欧に向けて出発する。
十二月　華士族の農工商営業が許可される。
　大蔵省が「会社弁」「立会略則」を刊行する。
八月　学制を制定する（義務教育制）。
九月　新橋―横浜間に鉄道が開通する。
十一月　太陰暦を廃止して太陽暦を採用し、十二月三日を以て明治六年一月一日とする。
　礼服には洋服を採用するとの太政官布告が出る。
　国立銀行条例を定める。
この年、福沢諭吉が『学問ノススメ』を刊行する。

明治六年（一八七三）

一月　徴兵令を布告する。
二月　仇討ちの禁止令が出る。
三月　外国人との結婚が許可される。
五月　ウィーン万博が開催され、明治政府が初参加する。
六月　第一国立銀行が設立される。
七月　日本抗法を公布し、鉱山事業官営を規定する。
十月　征韓論に敗れた西郷隆盛、板垣退助らが下野する。
十一月　内務省が設置される。大久保利通が内務卿となり、殖産興業政策に力を入れる。
この年、森有礼らが明六社を結成する。

明治七年（一八七四）

一月　東京警視庁が設置される。板垣らが民選議院設立建白書を提出する。
二月　佐賀の乱が起こる。

明治八年（一八七五）	五月　京都—大阪間に鉄道が開通する。 十月　株式取引条例が公布される。
明治九年（一八七六）	二月　三菱商会が日本最初の外国航路となる横浜—上海航路を開始する。 四月　元老院、大審院が設置される。 六月　新聞紙条例が定められる。この年、小学校が二万四二二五校に達し、ほぼ全国的な普及となる。 五月　上野公園が開園する。 七月　私立銀行最初の三井銀行が開業する。 九月　元老院が憲法起草を命じられる。 十月　神風連の乱、秋月の乱、萩の乱が相次いで起こる。
明治十年（一八七七）	二月　西南戦争が起こる。九月、西郷隆盛が自刃して終わる。 四月　東京大学が開校する。理・法・文・医の四学部を置く。 五月　木戸孝允が死亡する。 八月　第一回内国勧業博覧会が上野公園で開催される。
明治十一年（一八七八）	三月　東京商法会議所（商工会議所の前身）が設立される。 五月　大久保利通が暗殺される。 六月　東京株式取引所が開所する。 八月　大阪株式取引所が開所する。 九月　大阪商法会議所が設立される。 この年、政府はパリ万国博覧会に参加する。

森友　幸照（もりとも　こうしょう）
1929年山口県に生まれる。53年早稲田大学法学部を卒業し、経済雑誌 ダイヤモンド社に入社。編集記者、編集長を経て退社。以後、主として歴史分野の執筆ならびに企業研修や講演活動を行う。また、早稲田大学ビジネススクールの講師として、「近代経営思想史」の講座を担当した。
主な著書としては、『物語・中国の名言』（ダイヤモンド社）、『吉田松陰ザ語録』（中経出版）、『中国故事の「名場面」に学ぶ人間学』（すばる舎）、『日本経済の礎を創った男たちの言葉』（すばる舎）、『人物に学ぶ明治の企業事始め』（つくばね舎）、『孫子の兵法・心理戦に負けない知恵』（成美文庫）、『毅然として生きる―古典からのメッセージ』（清流出版）、『坂本龍馬　言行ノート』（中経の文庫）などがある。

群像の羽撃《はばた》き　―幕末・明治 志の言行録―

2010年11月10日　初版第１刷発行

著　者　森友　幸照

発行者　佐藤今朝夫

発行所　株式会社　国書刊行会
〒174-0056 東京都板橋区志村 1-13-15
TEL 03(5970)7421 FAX 03(5970)7427
http://www.kokusho.co.jp

製作　（有）章友社
印刷　モリモト印刷（株）
製本　（株）ブックアート

ISBN978-4-336-05327-5